HISTOIRE

DE LA VILLE DE

CLERMONT-L'HÉRAULT

ET DE SES ENVIRONS

AVEC VUE ET PLANS LITHOGRAPHIÉS

PAR

L'abbé A. D.

PRIX : 3 f. pour les Souscripteurs et 4 f. pour les non-Souscripteurs.

MONTPELLIER

CHEZ LES PRINCIPAUX LIBRAIRES

1837

Lodève, Grillières, Imp.-Lib.

LK 7/2113

HISTOIRE

DE LA VILLE

DE CLERMONT-L'HÉRAULT.

Lodève, Imprimerie de Grillières, Libraire.

HISTOIRE

DE LA VILLE

DE CLERMONT-L'HÉRAULT

ET DE SES ENVIRONS,

Avec Vue et Plans lithographiés;

par

L'abbé A. D.

Prix : 3 fr. pour les Souscripteurs et 4 fr. pour les non-Souscripteurs.

MONTPELLIER,

CHEZ LES PRINCIPAUX LIBRAIRES.

—

1837.

LISTE DES SOUSCRIPTEURS.

MM.

Le PRÉFET du département.
Le SOUS-PRÉFET de Lodève.
Le MAIRE de Clermont-l'hérault
Le MAIRE de Lodève.

ABRAM (l'abbé), à Montpellier.
AGNELY (l'abbé), à Pinet.
AGUILHON (l'abbé), à Mèze.
ARNIHAC.
ANINAT Antoine.
ANINAT Pierre.
ANINAT Aristide.
AZEMAR, à Cambous.
AUGUY-DE-VYTRI, à Gignac.
ANCESSI (l'abbé), à Liausson.

BELLOC, adjoint.
BEAUCLAIR, juge-de-paix.
BAZIN, médecin.
BERTHOMIEU, médecin.
BRUGUIÈRE-FONTENILLE.
BOUISSIN Auguste.
BOUISSIN Justine.
BOISSIÈRE aîné.
BOISSIÈRE Auguste.
BOISSIÈRE cadet.
BOISSIÈRE, traiteur.
BRUGUIÈRE Prosper.
BELOURY, maire de Nébian.
BANNES.
BONNEVILLE Alexandre
BOUISSIN Jean.
BAUMIER Henri.
BEAUCLAIR neveu.
BONNAL Pierre.
BOYER, Médecin, à Jonquières.
BOYER, instit.r, à Valmascle.
BOYER, percep.r à Jonquières.
BRUNEL, adj.t, à Villeneuvette.
BALP, à Salasc.

BAUMES, instituteur.
BEAUCLAIR Gaspard.
BONNAFY, instit.r, à Aspiran.
BERNARD (veuve).
BALDY, à Pézénas.
BELOUS Frédéric.
BELIOL, à Cabrières.
BEAUCLAIR, officier.
BÉRARD, à Lodève.

CACARIÉ (l'abbé).
CAPTIÉ, à Lodève.
CARLOU aîné.
CAVALIÉ, avocat.
CLAINCHAR, N.re, à Lodève.
CRÉMIEUX Jacob.
CASTELBON.
COSTE, à St-Félix.
CLERGUE, à Aspiran.
CELLIER, instit.r, à Aspiran.
COMBES, maire, à St-Félix.
COSMES, à Pézénas.

DELPON, conseiller de départ.t
DELPON Edouard.
DELPON aîné.
DEVAUX.
DELPON, à Nébian.
DURAND Pierre.
DEJEAN aîné.
DEDIER Jean.
DELPON (veuve)
DELOBEAU.
DELPON-ARNIHAC.
DELPON Marie.
DURAND, receveur.

FRAISSE Melchior.
FRAISSE (veuve), pharmacien.
FERRIU Joseph.
FARGUES, à Aspiran.
FABRE Jean-Jacques, à Gignac

FERRAN Dominique.
FRANC, à Pézénas.

GEBELIN.
GAUSSINEL.
GINOUVES, Instituteur.
GUILLAUMON.
GAY aîné, à Jonquières.
GÉNIEIS, fils.
GRES (l'abbé) à Castelnau.
GOUBIN Antoine.

HERY.

ISSERT, à Aspiran.

JUERY (de S.t) à La-Tour.
JOURDAN, notaire.

LAPEYRE aîné.
LAUSSEL père.
LUGAGNE-DELPON.
LEOTARD, notaire.
LEOTARD Pierre.
LENTHERIC-Latour.
LAZAIRES (l'abbé), à Lodève.
LEVASSEUR, pharmacien.

MAISTRE Antoine.
MAISTRE, adjoint.
MARQUEZ Isidore.
MARREAUD, Maire.
MARREAUD Prosper.
MAISTRE Hercule, à Villeneuvette.
MAISTRE Casimir, *id.*
MAISTRE César.
MALET Etienne.
MARREAUD Saturnin.
MARREAUD (veuve).
MARTIN (veuve).
MISSIE aîné.
MARQUEZ Eugène.
MERIC, principal.
MOURET (l'abbé), à Paulhan.
MALAVAL (l'abbé), à Pézénas.
ORTUS Dominique.

PLANQUE aîné.
PLANQUE Mathurin.
PEYROTTES, fils aîné.
POUJOL, pharmacien.
PORTES cadet.
PERETTE, maire de Canet.
PORTES Louis.
PRADIER, médecin à Aspiran.
POUJOL (l'abbé), à Montaud.
PUECH (l'abbé), à Mourèze.
PUECH, à Pézénas.
PAGÉS Jean.
PLANTAVIT Cyprien à Pézénas

QUILLIE, l'abbé, à Neffiès.

ROQUEPLANE, aîné.
ROQUEPLANE Gilbert.
ROQUEPLANE Elzéar.
REY, notaire.
RONZIER-JOLY.
ROUQUET aîné.
ROUQUET, pâtissier.
REY, avocat.
RICARD Paul.
ROUQUET Benjamin.
ROUQUET Pierre.
RONZIER Etienne.
RONZIER Barthélemi.
ROUQUET (veuve).
ROUQUET (née Maistre).
REY (l'abbé), à Brignac.
ROQUES (l'abbé) à Montpeyroux
RICARD, adjoint de Valmascle.
ROUAUD jeune.
ROUQUET Victor.
RICHARD, à Pézénas.
ROUQUET, à Cambous.
RAMADIER, à Lodève.

SAUMADE, aîné.
SAUMADE Casimir.
SIAU-SALASC, père.
SIAU-SALASC, aîné.
SIAU-SALASC Auguste.
SIAU-SALASC Frédéric.
SIAU-SALASC César.

SILVESTRE, à Toulouse.
SANTY, maire de Brignac.
SALASC Toussaint.
SILHOL.
SAUCLIERES, maire de Lacoste
SAUCLIERES Benj. à Lacoste.
SEVERAC, médecin à Aspiran.
SAVY, médecin à Lodève.
SABATIER, m.e de St Guiraud.
SOULIGNAC aîné, à Mourèze.
SUPERIEURE (la) de la nativité
SUPERIEURE (la) de l'hôpital.
SABATIER, à Pézénas.
SAUVADET, à Montpellier.

TUDES.
THOMAS, archiviste de la Préfecture.
THEIL, médecin.
TABAR Louis.

TABAR Auguste.
TOURNAL aîné.
TIFFY, (l'abbé) à Aspiran.
TAILHAN, curé.
TEISSERENQ, à Lodève.
TEISSIER, notaire, à Ceyras.
TEISSERENQ, médecin à Lod.

USSOU, cadet.

VALHIÉ, maire de Celles.
VISSEQ (Martine de), à Arboras.
VALLAT Augustin.
VALLAT-RECH, à Montpellier
VENAZOBRES (l'abbé), à Lac.te
VERNY oncle.
VERNY neveu.
VILLECÈQUE aîné.
VILLARET Antoine.
VITALIS, à Lodève.

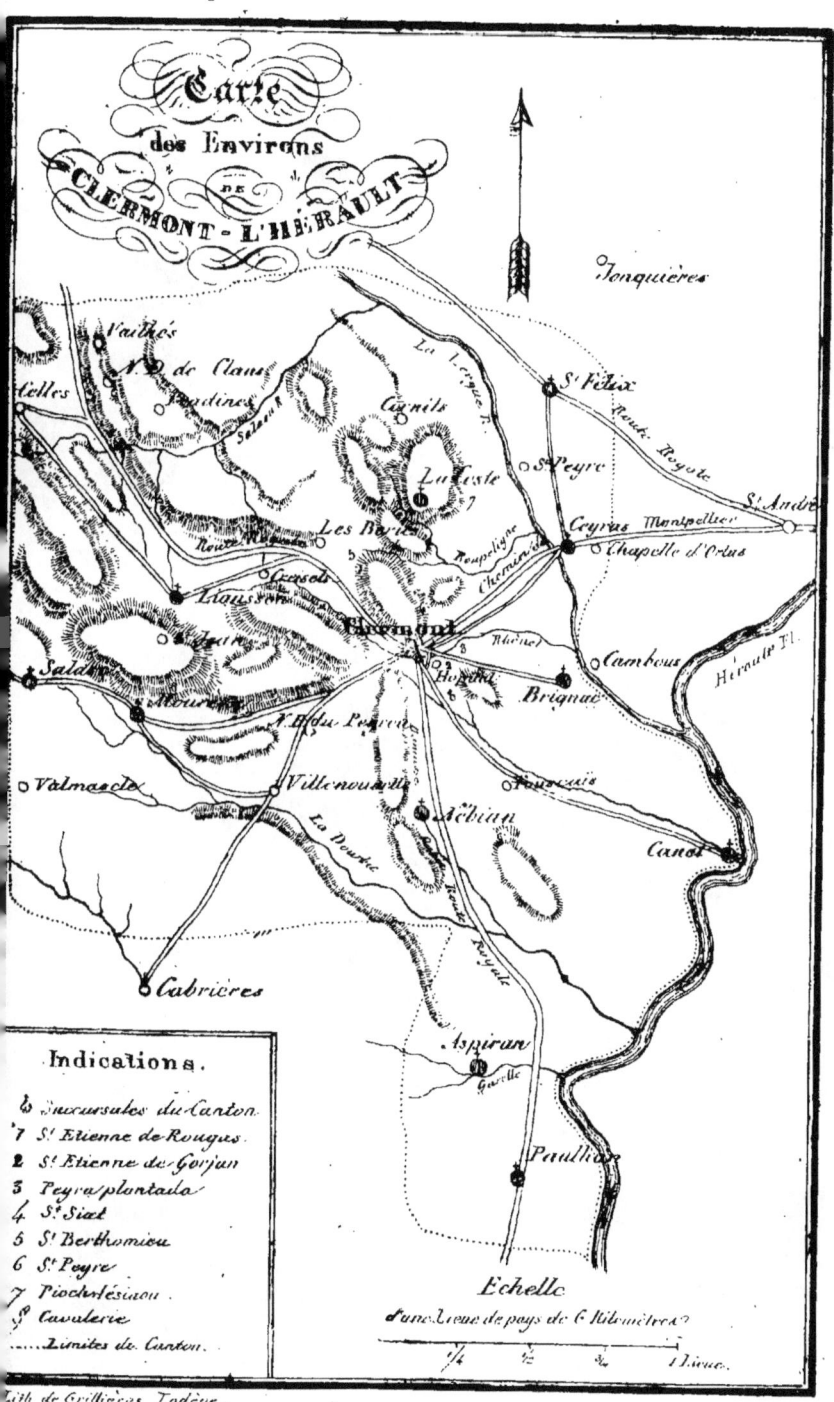

AVIS DE L'ÉDITEUR.

Il se publie, depuis quelques années, beaucoup d'*Histoires de villes de France ;* celle de la ville de Clermont-l'Hérault se hasarde à prendre place au milieu de ce genre de publications. C'est un exemple offert à un grand nombre d'autres petites villes, qui pourraient, elles aussi, joindre leurs modestes annales à celles des grandes cités du royaume, pour le plus grand avantage de l'archéologie et de l'histoire.

L'ouvrage que nous publions est le fruit des recherches historiques d'un ecclésiastique clermontais, qui s'est dévoué, pendant plusieurs années, à l'étude de son pays natal. Encouragé par les anciennes découvertes des savants auteurs de l'*Histoire générale du Languedoc*, il a entrepris de les continuer, et de les compléter, s'il était possible, par rapport à la ville de Clermont, autrefois appartenant à la province dont nous avons l'histoire. Ses efforts n'ont pas été infructueux. Sans sortir de son pays, il est parvenu à recueillir d'abondants matériaux, si bien, qu'il a pu donner une *Histoire de Clermont*, suivie, authentique, complète, au-delà de ce qu'on devait espérer. Il s'est servi principalement de la *Chronologie des évêques de Lodève*, par M. Plantavit de la Pauze, ouvrage estimé et consciencieux ;

d'une *Histoire chronologique des Seigneurs de Clermont-Lodève*, devenue si rare, qu'on n'en a plus qu'un seul exemplaire incomplet, et d'un manuscrit du 17.e siècle intitulé : *Livre archivial des Récollets de Clermont*, où l'on trouve, depuis l'année 1674, une série de traits historiques concernant autant la ville que le monastère. Les archives de la ville et celles de plusieurs particuliers ont été explorées par lui avec soin, et souvent avec fruit. Il n'a rien avancé de lui-même; tout a été pris dans ces sources qui viennent d'être indiquées ; il les rappelle à chaque page de son travail.

L'ouvrage est essentiellement religieux; ce caractère résulte autant de la nature des faits qu'il fallait raconter, que des principes professés par l'auteur : car tel est l'ensemble des faits recueillis sur l'histoire de Clermont, que la religion y domine constamment, et y joue, à côté du gouvernement des Guilhems et des franchises communales, le rôle le plus soutenu et le plus remarquable.

Si tout ce qu'on va lire n'est pas d'un intérêt égal, nous avons lieu de croire que rien ne sera dédaigné par les lecteurs de la ville et des environs, en faveur desquels, surtout, l'auteur a écrit, et auxquels est due presque entièrement la publication de l'ouvrage.

L'Éditeur, GRILLIÈRES.

DÉDICACE DE L'AUTEUR.

A Messieurs

Les Maire, Adjoints et Conseillers municipaux de la Ville de Clermont-l'Hérault.

Messieurs,

C'était à vous, Représentants & Administrateurs de la Ville, que je devais dédier **L'HISTOIRE DE CLERMONT**; l'objet seul de l'ouvrage m'en faisait une loi. Vous m'avez rendu cette obligation plus étroite, par l'intérêt que vous avez porté à la publication de mon travail. Puisse-t-il répondre à vos espérances et à celles de tous mes concitoyens.

J'ai l'honneur d'être,

Messieurs,

Votre très-humble et très obéissant serviteur et compatriote.
L'ABBÉ A. D.

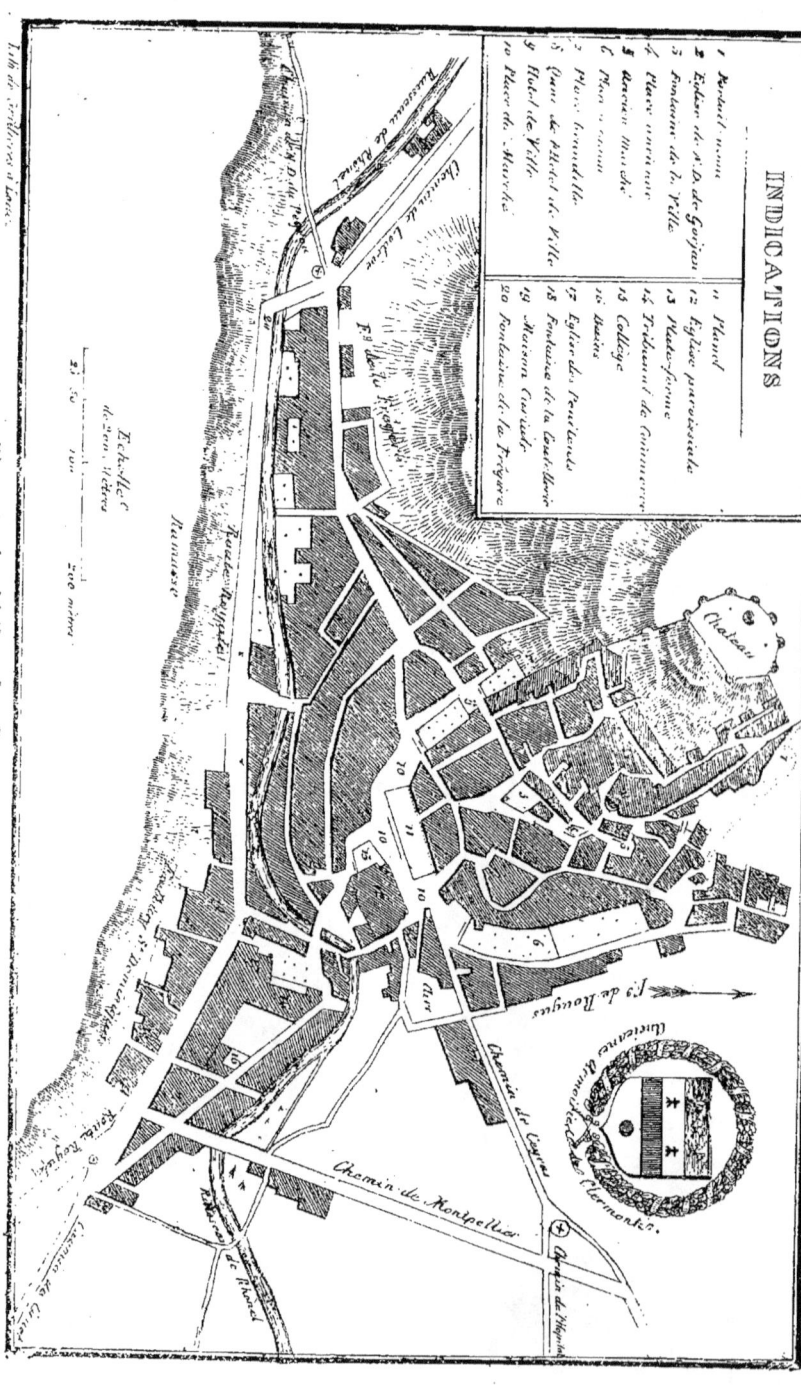

HISTOIRE

DE LA VILLE

DE CLERMONT-L'HÉRAULT

ET DE SES ENVIRONS.

CHAPITRE PRÉLIMINAIRE.

Topographie et Statistique de la Ville.

CLERMONT-L'HÉRAULT, autrefois *Clermont-de-Lodève*, et, originairement, *Castrum Clarimontis*, est une ville du Bas-Languedoc, comprise aujourd'hui dans le département de l'Hérault et dans l'arrondissement de Lodève. Elle est distante de 15 kilomètres (2 lieues ½), sud-est, de cette dernière ville, et de 4 myriamètres (6 lieues ⅔), ouest, de Montpellier.

Sa position est pittoresque. Un peu au-dessus du

confluent de la Lergue¹ et de l'Hérault², sur la rive droite de la première, et à l'extrémité occidentale d'une petite chaîne de collines cultivées et riantes, on l'aperçoit qui descend, en s'élargissant, dans la plaine. Une colline plus élevée et moins fertile, appelée *Ramasse*, la tient resserrée au sud-ouest, et l'oblige à s'étendre vers le sud véritable, dans la belle vallée arrosée par les deux rivières. Le haut de la Ville est couronné par les restes d'un vieux château, ancienne habitation des Seigneurs; une grosse tour démantelée domine ces ruines. Le bas de la Ville est coupé par la route royale N.º 9 de Paris à Perpignan et par le ruisseau de Rhônel³ dont les eaux, quoique peu abondantes, ne laissent pas que d'être d'un grand secours pour les tanneries et le lavage des laines. Des jardins fertiles, de belles prairies bordent agréablement le ruisseau au sortir de la Ville, et la campagne entière offre une variété charmante, par les inégalités de son terrain, la diversité de ses plantations, et les touffes d'arbres qui coupent la monotonie de la plaine.

1 C'est le véritable nom de cette rivière: *Lerga*, *Lergue*, que plusieurs écrivent aujourd'hui l'*Ergue*, comme si son nom était *Ergue*.
2 Autrefois *Araris*, *Arauris*, *Airaut*, *Eraut*.
3 Autrefois *Roanel*, *Rhosnel*; jamais *Yéromiel*, comme l'ont dit quelques-uns.

Clermont a le défaut de toutes les villes anciennes : une partie de ses habitations est mal bâtie; la plupart des rues sont étroites et sans régularité ; néanmoins la partie basse, plus moderne, a des maisons et des rues plus régulières et plus aérées. L'église paroissiale, qui s'élève entre la Ville haute et la Ville basse, est un édifice à trois nefs, remarquable par son architecture gothique; il date du treizième siècle. Nous avons, de la même date, une autre église presque aussi vaste, bien qu'elle n'ait qu'une seule nef; c'est celle du faubourg St.-Dominique, occupée par les Pénitents : trois tours qui lui servaient d'ornement à l'extérieur ont été, il y a déjà long-temps, nivelées à la hauteur des combles de l'édifice.

La population de Clermont s'élève, d'après le dernier recensement, à 6582 âmes. Le nombre des établissements publics est proportionné à cette population. La Ville a : Tribunal de commerce, Justice de paix, Chambre consultative des arts et manufactures, Conseil de prud'hommes, Hospice, Bureau de bienfaisance, Collége, Octroi, Bureau de poste. Depuis peu d'années elle a deux communautés religieuses, l'une de *Dames de la Nativité*, pour l'éducation des personnes du sexe, et l'autre de *Dames hospitalières*, pour le service de l'hôpital. Un Curé et trois Vicaires sont chargés de pourvoir à tous les besoins religieux de la Ville, entièrement composée de catholiques.

La fabrication des draps et la préparation des cuirs occupent une partie considérable de la population ; une autre partie, non moins considérable, est vouée aux travaux de l'agriculture.

Naturellement le Clermontais est industrieux et laborieux ; il a de l'intelligence et de la constance pour réussir dans ce qu'il entreprend. Il a de la vivacité dans l'esprit, de l'indépendance et de la fierté dans le caractère. On le voit se passionner facilement, s'exalter quelquefois jusqu'à l'effervescence; mais rarement le défaut de réflexion le laisse-t-il donner dans les excès, dont se garantissent difficilement les caractères prompts et les têtes ardentes.

Le climat est d'une salubrité parfaite ; cet avantage est dû à l'absence de tout marécage susceptible de produire des exhalaisons dangereuses, et au bénéfice fréquent des vents boréaux qui arrivent dans la Ville, toujours corrigés et purifiés par le trajet qu'il leur a fallu faire à travers les collines boisées des environs. Les vents du midi, beaucoup moins sains, soufflent plus rarement et avec moins de continuité. Il résulte de là qu'en général l'air de Clermont est pur, frais, favorable à la santé, et propre à ménager aux habitants une longue vieillesse.

La Ville est abreuvée par trois fontaines, dont deux jaillissent immédiatement du rocher sans le secours d'aqueduc. Les eaux en sont vives, abondantes et légères. On trouve plusieurs sources à la campagne, dont quelques-unes servent à l'entretien de jardins potagers qui produisent de très-beaux fruits et des végétaux excellents.

Le terroir, d'une étendue de 3247 hectares, est bien cultivé, et sa fécondité répond aux soins qu'on lui prodigue. Il fournit du blé, de l'huile, du vin surtout en quantité; les amandiers et les mûriers s'y font très-bien. On ne peut excepter de cette fertilité que quelques quartiers du terroir de Clermont, dans lesquels le roc se montre à nu, ou n'est recouvert que d'une légère couche de terre végétale. Ces quartiers, autrefois boisés, accusent l'imprévoyante maladresse de ceux qui tentèrent de les défricher, au risque évident de laisser ainsi en proie au ravage des pluies des terres remuées et suspendues sans défense sur des pentes rapides.

Tel est le tableau préliminaire dont il convenait de faire précéder l'Histoire de Clermont. J'entrerai maintenant dans le récit des faits qui constituent comme la vie de cette modeste cité, après toutefois que j'aurai essayé de jeter quelque lumière sur sa fondation et son origine.

CHAPITRE II.

Origine de Clermont.

La Ville de Clermont-l'Hérault est ancienne. On lui donne, avec assez de certitude, quinze ou seize siècles d'existence, et l'on pourrait, sans craindre d'être démenti, lui en attribuer davantage.

Nos archives, presque nulles depuis la tourmente du dernier siècle qui détruisit ou dispersa tant de richesses historiques, ne renferment rien dont puissent s'éclairer des recherches entreprises pour préciser les temps de sa fondation. A l'époque où fut écrite l'*Histoire des Seigneurs*, c'est à-dire, vers la fin du dix-septième siècle, il eût été peut-être plus facile de débrouiller les obscurités de notre origine; les citations de cet ouvrage témoignent, en effet, qu'alors la Ville et le Seigneur possédaient, dans leurs archives, des documents précieux qui auraient pu fournir quelque lumière.

Aujourd'hui il faut se borner à des conjectures. Celles qu'on a tirées de l'étymologie du nom de Clermont ne doivent pas être dédaignées. Il y a dans ces sortes de noms une espèce de tradition symbolique, qui n'attend qu'une explication heureuse pour passer dans le domaine de l'histoire. Essayons de trouver cette explication, pour l'intelligence des premiers temps de notre cité.

Clermont, en latin *Clarus-mons*, peut être traduit de deux manières : *montagne claire*, *montagne célèbre*. De là, trois conjectures que je vais soumettre au jugement du lecteur.

Voici la première. Parce qu'on a découvert dans nos environs des traces d'anciens volcans, on a conjecturé que ces volcans, aujourd'hui éteints, auront laissé aux collines qui nous avoisinent le nom de *Clarus-mons*, *montagne claire*, *montagne de feu*, et que notre Ville aura pris cette dénomination en s'établissant sur une de ces collines. Ce qui donnerait du crédit à cette opinion, c'est que la même observation se trouve déjà faite à l'égard d'autres villes du même nom que la nôtre. Cette première conjecture a le malheur de laisser incertaines deux époques qu'il eût été important de fixer : d'abord, l'époque où les volcans s'éteignirent, ensuite celle où l'on osa asseoir une ville sur une colline dont le sol avait tremblé, et dont les flancs avaient peut-être recélé eux-mêmes le feu dévastateur. Toutefois, ces deux époques ne peuvent être que bien reculées ; car et l'extinction de ces volcans et le souvenir récent de leur existence, deux choses que l'on suppose, ne sauraient convenir à des temps modernes, au jugement de ceux qui ont quelque connaissance du passé, et qui ont observé l'état actuel de notre pays.

La seconde conjecture est d'un autre genre. Elle s'appuie sur une tradition pieuse, recueillie, à la fin du dix-septième siècle, par l'archiviste des Récollets, et consignée dans son manuscrit. On a prétendu que St. Flour, premier évêque de Lodève, ayant baptisé et consacré à Dieu deux vierges qui eurent le goût de la solitude, ces deux ferventes néophytes choisirent le coteau de Clermont pour le lieu de leur retraite, s'y fixèrent, et y vécurent dans la prière et la pénitence, jusqu'à ce qu'elles eurent le bonheur et la gloire de donner leur sang pour la foi. Bâtie plus tard, notre Ville aurait pris son nom de cette sorte d'illustration acquise à la colline par la retraite des deux vierges de St-Flour, et aurait été appelée *Clarus-mons*, *montagne célèbre*. Dans l'intérêt des personnes religieuses dont notre Ville compte un bon nombre, je souhaiterais que cette conjecture eût plus de fondement qu'elle n'en paraît avoir. Il serait si heureux pour ces personnes de pouvoir penser que leur sol natal eût été autrefois consacré par le séjour de deux saintes, et de pouvoir invoquer auprès de Dieu ces deux patronnes de plus! Mais comme nous avons, dans le voisinage, un *Mont-des-deux-Vierges*, qu'on dit avoir servi de retraite à deux sœurs de St. Fulcran; comme, plus loin, vers Saint-Guilhem-le-désert, on place un monastère fondé par deux sœurs de St. Guilhem; comme, enfin, on attribue à deux sœurs encore la fondation de Notre-Dame du Peyrou; la ressemblance de toutes ces histoires ne donne que trop le droit de contester celle qu'on a faite sur Clermont, et de penser qu'elle ne soit qu'une fable empruntée à l'une de ces trois histoires, qu'on aura travestie et appropriée au sujet.

Il y a enfin une troisième conjecture. On disait autrefois que Clermont, déjà considérable à l'époque de la domination des Romains dans les Gaules, avait attiré l'attention de ce peuple belliqueux par la valeur et l'intrépidité de ses habitants. L'archiviste même, que j'ai cité tout-à-l'heure, assure *avoir lu dans une vieille histoire des Gaules, que les Romains faisaient grand cas de notre Clermont, non tant à cause de sa riche situa-*

tion, que pour les soldats intrépides qui en sortaient : ce sont les propres termes du Religieux. On a conjecturé de là que les Romains auront attaché une certaine célébrité à notre Ville, et lui auront donné le nom de *Clarus-mons, montagne célèbre*. Cette opinion, si elle était prouvée, honorerait singulièrement Clermont, puisqu'elle lui garantirait une antiquité de plus de dix-huit siècles, et qu'en outre, elle lui donnerait le droit de se glorifier d'avoir reçu son nom du peuple-conquérant, en témoignage de sa valeur. Regrettons de ne pouvoir lire à sa source le texte cité par le Religieux-archiviste, pour nous assurer par nous-mêmes de son authenticité et du degré de confiance qu'il mérite.

CHAPITRE III.

Clermont sous les Romains.

Malgré les obscurités et les incertitudes qui enveloppent les premiers temps de notre histoire, je ne puis laisser de côté ce qu'on en raconte, et m'imposer un silence sévère à l'égard de quelques particularités curieuses, plus ou moins probables, sur l'existence et l'état de Clermont au temps des Romains. Qu'il me soit permis de les consigner ici telles que je les ai recueillies : mon intention n'est aucunement d'inventer et de fabriquer à plaisir ce que je n'aurais pu trouver dans mes sources historiques.

On sait qu'au commencement de l'ère chrétienne, les contrées que nous habitons faisaient partie d'une nouvelle Italie, province romaine, dont Narbonne était la capitale. Selon le témoignage de Pline, le pays des Lodévois (*Lutevani*) renfermait une ville appelée *Forum Neronis*. On n'est pas d'accord sur l'emplacement véritable de ce *Forum*; et tandis que les uns le placent à Lodève même, les autres le cherchent dans les environs de Clermont. Ce qu'il y a de vrai, c'est qu'à l'est de notre Ville, dans le quartier appelé *Peyra plantada*, on a découvert de nombreuses traces d'habitations romaines. Des vieillards se rappellent y avoir vu autrefois une partie de colonne, ce qui a donné lieu, sans doute, au nom de *Peyra plantada*, pierre plantée. On y remarque encore beaucoup de débris d'amphores et de ces tuiles à rebord dont les Romains faisaient usage pour les sépultures. A l'occasion même des défrichements, on a eu découvert dans cet endroit des médailles romaines, entr'autres, un Néron en or, et des parties considérables d'aqueducs souterrains.

Quoi qu'il en soit de l'emplacement réel du *Forum Neronis*, et sans garantir à Clermont l'honneur de son voisinage, ne serait-il pas permis d'attribuer à notre Ville, avec l'*Histoire des Seigneurs*, celui d'avoir été choisie pour être un quartier de troupes romaines? Cette *Histoire* explique dans ce sens le nom de *Castrum* que portait autrefois Clermont, et qui, en effet, peut se traduire par *camp* ou *quartier de troupes*. Au reste, le nom de *Cavalerie* conservé au vallon situé au sud-est de la Ville pourrait fort bien être cité à l'appui de cette conjecture.

Dans ce cas, notre pays natal aurait été, avec le *Forum Neronis* et Narbonne, un point important de la province romaine : Narbonne comme chef-lieu, *Forum Neronis* comme cour de justice ou comme marché, et Clermont comme quartier de troupes. Ainsi Clermont aurait existé dès le commencement de l'ère chrétienne, et aurait même eu alors quelque importance.

Je suis fâché de ne pouvoir établir cela d'une manière certaine ; mais, en vérité, il y aurait trop d'exigence à demander la certitude pour des faits aussi reculés, et c'est bien assez qu'à cette distance on puisse donner quelque chose qui ait une couleur de vérité, et qui ne soit pas entièrement dénué de preuves. Il faudra descendre quelques degrés de l'échelle des siècles, pour avoir des renseignements plus positifs sur l'état de notre Ville. Quand les Romains auront cédé l'empire de l'univers aux barbares du nord, et que les Goths seront venus les remplacer dans nos contrées, alors du sein des nuages nous verrons sortir l'aurore de notre histoire, qui, brillant par degrés, arrivera plus tard à la plénitude de la lumière.

CHAPITRE IV.

Clermont sous les Goths.

De l'an 418 à l'an 507.

Les Goths s'établirent dans nos contrées vers le commencement du cinquième siècle. On assure que Clermont existait alors avec son château désigné sous le nom de *caput castri*, et que les Goths, après s'en être emparés, le fortifièrent et l'entourèrent de remparts flanqués de tours carrées, pour le mettre à l'abri d'un coup de main de la part des Aquitains et des Auvergnats.[1]

Quatre de ces tours se distinguaient encore à l'époque où fut écrite l'*Histoire des Seigneurs*: deux converties en maisons, une troisième enclavée dans le monastère des Bénédictines, et une quatrième servant aux officiers du Seigneur pour tenir leurs audiences.

[1] *Histoire des Seigneurs de Clermont-Lodève.*

Ainsi occupé et fortifié par les Goths, Clermont demeura près d'un siècle sous leur empire. Je vais essayer de jeter quelque lumière sur l'histoire de cette période.

Pour se faire une idée de l'état de notre Ville à cette époque, il faut se la représenter raccourcie des trois quarts, assise au sommet de la colline qu'elle occupe maintenant jusqu'au-delà de sa base, habitée par un mélange de Gaulois, de Romains et de Goths, tous peu civilisés, habiles seulement à remuer la terre et plus encore à combattre; autour de cette bicoque, quelques arpents de terrain défrichés, le reste du territoire couvert de bois ou de broussailles, entrecoupés de quelques ruisseaux et de la rivière de la Lergue; point d'autres lieux habités, dans le voisinage, qu'Aspiran au midi, Cabrières au couchant, Lodève au nord, et tout au plus Gignac au levant : tel est à peu près le tableau de Clermont, ville gothique. Ce n'était point alors notre ville moderne, avec ses rues nombreuses, ses maisons commodes et quelquefois élégantes, ses édifices publics, ses milliers d'habitants, son activité, son industrie, son commerce. La campagne n'offrait pas cet aspect enchanteur que lui a donné la main de l'homme; ces maisons champêtres, ces bourgs, ces villages disséminés dans les environs, qui semblent donner la vie à toute cette contrée autrefois inanimée et silencieuse ; ces champs cultivés, ces vignobles fertiles, ces plantations symétriques d'amandiers, d'oliviers, de mûriers, qui remplacent agréablement les anciennes touffes d'yeuses, de buis ou de genêts ; ces sentiers, enfin, et ces routes qui sillonnent le territoire et le coupent en mille sens, pour la facilité des communications. Il ne fallait rien moins que le travail de quatorze siècles et l'influence de la civilisation chrétienne pour régénérer ainsi notre patrie, et l'amener à cet état de prospérité et de perfectionnement.

Le Christianisme, cette institution divine à laquelle nous devons, entre tant de bienfaits, celui d'avoir transformé le monde barbare et de l'avoir mis sur la route de la civilisation, apparaissait déjà dans nos contrées comme un astre bienfaisant, et Clermont allait recevoir sa lumière. Peut-être même l'avait-il déjà reçue ; car la prédication de la foi chrétienne à Lodève par l'évêque Saint Flour est placée au troisième siècle. Il est bien à croire que les successeurs de cet évêque, tels que Saint Amans, Gellade, Ranulphe, ne négligèrent point de faire arriver la foi dans une ville aussi voisine de leur siège, et que les Clermontais eurent le bonheur d'échanger leurs superstitions druidiques et payennes pour le culte du vrai Dieu, avant l'arrivée des Goths et leur établissement dans le pays. Ainsi donc, nos ancêtres devaient commencer alors à recueillir les fruits du Christianisme, et leurs mœurs sauvages et barbares devaient s'adoucir et dépouiller leur rudesse sous l'influence des saintes leçons de l'évangile.

Pourquoi faut-il que les Goths soient venus, avec leurs erreurs et leurs persécutions, interrompre ce travail précieux de la réformation des mœurs par la vérité chrétienne? Hérétiques de la secte impie d'Arius, ils apportèrent à Clermont le poison de leur fausse doctrine, brouillèrent et confondirent les saines croyances, et n'eurent pas de peine à engager dans l'arianisme plusieurs de nos ancêtres, novices encore et peu fermes dans leur foi ; ils allèrent même jusqu'à allumer contre les fidèles le feu de la persécution. L'histoire du temps parle d'un prince goth nommé Evaric, qui renouvela une partie des impiétés et de la cruauté des Néron et des Dioclétien : il exilait les évêques, dit Sidoine d'Auvergne, ou les faisait mourir; il ruinait les églises, et telle était la désolation des lieux saints, que les bestiaux couchaient dans les vestibules sacrés, et allaient quelquefois brouter l'herbe qui croissait autour des autels abandonnés.

C'étaient des temps d'épreuve pour la foi de nos ancêtres, et il faut bénir Dieu qu'elle en ait triomphé. Le successeur d'Evaric les laissa respirer : Alaric II, quoique arien, eut un règne plus tolérant et plus pacifique. On voit, sous ce règne, un concile s'assembler librement à Agde ; l'évêque de Lodève, Materne, s'y rendre sans obstacle, et y statuer, avec plusieurs autres évêques, sur certains points de la discipline ecclésiastique.[1] Nous verrons, plus tard, les princes goths passer de la tolérance à la protection du catholicisme, et ce sera une heureuse époque; mais il faudra, avant d'arriver là, traverser des révolutions, des guerres et des malheurs.

[1] Vaissette, *Histoire générale du Languedoc.*

CHAPITRE V.

Clermont sous les Francs.

507 — 572.

Après avoir demeuré près d'un siècle sous la domination gothique, notre Ville devait changer de maître et tomber au pouvoir des Francs partout victorieux dans les Gaules. En effet, depuis l'élévation de Clovis, ce peuple belliqueux, secondé par un chef si intrépide et si habile, ne comptait ses pas que par des victoires. Tout pliait sur son passage; les armées fuyaient ou étaient taillées en pièces, et les provinces entières subissaient le joug du vainqueur. Grossissant de plus en plus dans sa marche, le torrent descendait vers la Gothie, et il fallait s'attendre qu'elle en serait bientôt inondée. Alaric dut se hâter de courir aux frontières avec ses troupes. Les deux armées se rencontrèrent à Vouillié près de Poitiers. Là fut brisée la puissance gothique par l'épée victorieuse du roi franc, qui, ayant tué Alaric, dispersa son armée et en poursuivit les restes jusqu'à Toulouse.[1] Peu s'en fallut qu'il n'achevât d'un seul coup la conquête de la Gothie, et que notre contrée ne fût, de sa main, rangée sous la nouvelle domination.

Ce soin fut remis à son fils Thierri. Ce jeune prince eut la mission de réduire les autres Goths qui s'étaient ralliés sous le commandement d'Amalaric, et il s'en acquitta avec gloire. En peu de temps il balaya l'Auvergne, l'Albigeois, le Rouergue; chassa le roi goth de Carcassonne et de Castelnaudary, et l'an 509, il était à Narbonne.[2] De cette dernière ville chez nous, il n'y avait qu'un pas; mais ici la résistance devait être plus sérieuse, et Thierri touchait à la partie la moins facile de sa conquête.

Accoutumé au joug des Goths, notre pays ne songeait point à s'en affranchir, pour passer sous celui d'un nouveau peuple, connu seulement par la terreur de ses armes. Les Goths, d'ailleurs, adoucis depuis Evaric et devenus plus traitables, se faisaient aimer par leur modération. Les évêques

[1] *Hist. du Lang.* — [2] Idem.

du concile d'Agde avaient rendu un solennel hommage à la bonté de leur dernier roi, et avaient fait pour lui des prières publiques. L'approche des Francs arma donc et fit lever contre eux les populations entières.

Clermont fut du nombre des villes qui fermèrent leurs portes à Thierri, et qui firent résistance.[1] Cette résistance pouvait être sérieuse à raison des fortifications dont la Ville avait été munie par les Goths, et dans un temps où le défaut d'artillerie rendait si difficile la soumission des places fortes, favorisées d'ailleurs, comme Clermont, d'une position avantageuse. Aujourd'hui nous trouverions ridicule et plus que téméraire la pensée seule de fermer nos portes à un ennemi tant soit peu puissant, et un siège de Clermont serait une risée : il n'en fut pas de même à cette époque. Thierri prit la chose au sérieux, et sans se contenter d'un assaut qui aurait pu lui mal réussir, ou d'un blocus qui aurait arrêté sa marche, il entreprit un siège dans les formes. L'histoire ne dit pas s'il fut long et difficile; on pourrait le soupçonner à la colère du vainqueur, qui, ayant réduit la place, en fit ruiner les fortifications, raser les remparts, et ne laissa autour

[1] *Hist. des Seig.*

des habitations que quatre tours démantelées, celles dont il est parlé dans le chapitre précédent.

C'était l'an 509 que Clermont tombait ainsi au pouvoir des Francs ; mais, dès l'année suivante, il revenait à ses premiers maîtres, la victoire ayant abandonné les Francs devant Arles, et Clovis ayant été obligé d'évacuer la Gothie et de se démettre solennellement de ses prétentions sur la province. Vingt-quatre ans s'écoulèrent, à partir de cette époque, pendant lesquels il ne se parla plus des Francs dans ces contrées qu'ils avaient tenté de soumettre.

Cependant, la mort de Clovis ayant rendu Thierri héritier de la portion du royaume franc la plus voisine de la Gothie, l'envie revint à ce prince de tenter une seconde fois la conquête de notre pays et de l'ajouter à ses états. Il descendit dans l'Auvergne et dans le Rouergue, et n'eut pas de peine à se les assujettir. Théodebert, son fils, prit l'épée et continua la guerre. Il entra dans le pays Lodévois ; et, chose singulière, ce ne fut ni Lodève, ni Clermont, ni aucune autre ville marquante, qui arrêta la marche victorieuse du jeune guerrier, mais seulement le château d'un petit village de nos environs, celui de Cabrières. Ce château, très-fort de ce temps-là, et commandé par une Dame nommée *Deuterie*, tint long-temps en échec les troupes de Théodebert ; il ne fallut rien moins qu'un traité avec la Dame pour mettre le prince en possession de de la place. Cabrières capitula, et sa soumission décida de celle de tout le pays, qui revint ainsi au pouvoir des Francs, comme en 509.[1]

Clermont, cette fois, demeura plus long-temps sous la domination franque ; ce fut pour un intervalle d'environ trente-huit ans. Période heureuse ! ère de paix, d'autant plus remarquable, que l'histoire d'alors ne présente, au nord et au midi de notre province, qu'un tableau rembruni de divisions, de troubles et de crimes : là, les enfants de Clovis occupés à se supplanter et se faisant une guerre scandaleuse ; ailleurs, le trône des rois goths ensanglanté par le poignard des ambitieux, qui ne connaissaient d'autre voie que celle du meurtre et de l'assassinat pour arriver au pouvoir.

On connaît les noms de deux évêques qui eurent l'administration spirituelle du diocèse pendant la période de la domination franque : *Deuterius* qui assista, sous Théodebert, à un concile de Clermont d'Auvergne, et *Edibius* qui, se trouvant à Paris l'an 557, à la cour du roi Childebert, fut prié par ce prince d'assister

[1] *Hist. du Lang.*

à un autre concile tenu dans cette ville. [1] C'est tout ce qu'on trouve, à cette époque, de plus relatif à notre pays ; l'histoire n'en fournit pas davantage.

[1] *Plantav.*

CHAPITRE VI.

Clermont une seconde fois sous les Goths.

572 — 720.

Clermont, quoique possession franque au 6.ᵐᵉ siècle, tenait toujours à la Gothie par les habitudes du passé et par la perspective de l'avenir. Le séjour des Francs dans le pays, qui ne dépassa pas quarante années, ne put façonner et attacher les Clermontais à leur domination, quand surtout la proximité des Goths, établis et puissants à Narbonne, pouvait si peu leur ôter l'espoir de revenir à leurs anciens maîtres.

Leuvigilde, qui monta, l'an 572, au trône de la Gothie, et qui avait l'intention d'agrandir ses états, sut habilement profiter de ces dispositions et de la facilité que lui en laissait la querelle des enfants de Clovis, pour effectuer la conquête de nos provinces. Il porta la guerre dans le domaine des Francs, la fit avec succès et leur enleva leurs possessions, non sans causer d'affreux ravages. Lodève et Clermont furent repris par les Goths; cette révolution fut des plus désastreuses. Les armées franques, d'une part, qui n'abandonnaient qu'à regret ces contrées, et qui, ne pouvant emporter le sol dans leur fuite, voulaient au moins le dépouiller et le laisser nu aux vainqueurs; les soldats goths, de l'autre, commandés par un général farouche pour qui le massacre et le pillage étaient des moyens légitimes de conquête et de vengeance; tout sembla s'être rencontré pour la désolation de notre pays, et quand Leuvigilde s'en proclama le maître il put s'asseoir sur des ruines.

Ce prince n'était pas homme à cicatriser les plaies, encore moins à guérir les maux que la guerre avait faits: arien forcené, il trouva dans sa religion un motif d'en faire davantage, et pour se venger de la conversion de son fils Hermenigilde, il persécuta les catholiques avec fureur, mettant en œuvre contre eux la confiscation, l'exil, la prison et la mort. Une peste affreuse, qui se déclara à Alby et à Narbonne, vint ajouter encore à tant de sujets de deuil; on eût dit que l'ange des malédictions voulait épuiser, sur cette terre, la coupe des malheurs.[1]

[1] *Hist. du Lang.*

Leuvigilde mourut, et, comme si le bien du pays n'eût tenu qu'à un seul homme, la mort de ce prince mit fin à toutes les calamités. Le règne de Récarède, son successeur, amena des temps plus heureux. Il montra plus de modération, il donna la paix aux catholiques, s'en fit aimer par sa tolérance, et ne tarda même pas à embrasser leur foi. Sa conversion fut le fruit du raisonnement autant que de la grâce divine; il comprit qu'une religion féconde en miracles, dont il vit plusieurs de ses propres yeux, révélait par-là un caractère surnaturel que n'avait pas l'hérésie, impuissante à montrer de tels prodiges. Catholique par conviction, il mit à la propagation de sa foi tout le zèle qu'inspire une vérité bien sentie; il se déclara l'apôtre de son peuple, et expédia dans toutes les parties de ses états des députés chargés d'annoncer sa conversion et le désir qu'il aurait de voir ses sujets hérétiques suivre son exemple.[1] Ce fut une heureuse nouvelle pour les Clermontais; les fidèles se raffermirent, les apostats revinrent, et les Goths, qui avaient jusque-là professé l'arianisme, l'abjurèrent pour se faire catholiques. Clermont et Lodève furent même des premières villes qui, sur l'invitation de Récarède, donnèrent l'exemple du retour à la foi : ce fait,

---

[1] Longueval, *Hist. de l'Égl. gall.*

honorable pour la religion de nos pères, était consigné dans les archives de Lodève que l'historien des Seigneurs de notre Ville eut l'avantage de pouvoir consulter.

Ici commence, depuis l'an 586 jusqu'à l'an 694, une période de plus d'un siècle, pendant laquelle il ne se passa rien à Clermont qui méritât d'être conservé par l'histoire. Mais si les faits manquent, je puis trouver dans l'état du pays en général de quoi caractériser l'état de notre Ville pendant ce siècle de nullité historique.

La population Clermontaise se composait principalement de Goths et de Romains; les anciens naturels du pays, c'est-à-dire les Gaulois, ne comptaient plus; ils s'étaient mêlés et confondus avec les vainqueurs, dont ils avaient pris les mœurs, les habitudes, le langage et même le nom. Divisée d'origine, cette population Romano-gothique l'était nécessairement par certains usages et par l'idiôme, qui ne pouvait être le même pour les deux peuples : les Goths avaient leur langage particulier, et les Romains parlaient la langue latine, qui, s'altérant insensiblement, est devenue le *patois* de nos jours. La loi du vainqueur avait établi entre les Clermontais une ligne de démarcation plus prononcée et plus fâcheuse : d'un côté, étaient les hommes *libres*, auxquels appartenaient les biens, les honneurs ; de l'autre, les *esclaves*, dont la misère, l'ignominie et les mauvais traitements faisaient le partage.[1] Distinction brutale, qui s'est effacée peu-à-peu par le laps des siècles, et par la marche progressive de la civilisation !

L'administration civile, beaucoup moins compliquée que de nos jours, était confiée à un *Comte*, qu'on n'assignait même qu'aux grandes villes. Je ne pense pas que Clermont eût encore cet honneur ; il dépendait du comte de Lodève. Ce comte, outre la police du temporel, veillait aussi au maintien des règlements ecclésiastiques et en châtiait les infracteurs. L'histoire nous apprend qu'il était surtout très-sévère à l'égard des profanateurs du Dimanche, et à l'égard des sorciers et de leurs complices. Les évêques tenaient fréquemment des conciles pour régler les affaires de la religion, et réprimer les abus que l'ignorance en rendait inséparables[2] : cette sollicitude des pasteurs, jointe à la protection de l'autorité séculière, faisait fleurir la religion, et les Clermontais y puisaient la consolation, la vertu et la paix.

L'*Histoire des Seigneurs* place à l'année 694 l'inauguration définitive des trois paroisses de notre Ville, qui existaient encore au quatorzième siècle,

---

1 *Hist. du Lang.* — 2 Idem.

époque à laquelle elles furent réunies à une seule. Un décret d'un concile tenu à Tolède, en Espagne, sous le règne du pieux roi Egica, stimula le zèle des catholiques pour la construction et la réparation des églises. Soit que Clermont n'en eût qu'une encore, ou que les trois qui furent inaugurées alors se trouvassent en mauvais état, on se mit à l'œuvre pour les mettre sur un pied régulier, et l'organisation définitive des paroisses St.-Paul, St.-Étienne-de-Rougas et St.-Étienne-de-Gorjan data de cette époque. De ces trois églises, la première, considérablement agrandie au 13.me siècle, est devenue depuis notre paroisse de St.-Paul; la seconde a disparu tout-à-fait de l'emplacement qu'elle occupait dans le quartier encore appelé *St.-Estève-de-Rougas*, et la troisième sert de chapelle à l'hôpital.

Telle est l'histoire de la seconde domination des Goths dans notre pays. Elle dura près de 150 ans, et ne fut troublée qu'une fois, mais d'une manière assez sérieuse, pendant cet intervalle, de la part des Francs.[1] Le duc Paul, révolté contre son maître Wamba, roi de Gothie, et cantonné à Nîmes, les avait appelés à son secours l'an 672. Ils arrivaient en grande hâte, autant pour conquérir le pays que pour secourir le duc

1 *Hist. du Lang.*

et déjà ils campaient aux environs d'Aspiran, lorsque Wamba revint de Nîmes après avoir soumis les rebelles. Frappés d'une terreur panique, ils s'enfuirent, avec leur général nommé Loup, à travers les collines, abandonnant une partie de de leurs bagages, qui servit à enrichir les vainqueurs. Tout se borna là, et les Francs ne poussèrent pas plus loin une tentative qui aurait pu devenir si funeste à nos maîtres.

CHAPITRE VII.

Clermont sous les Sarrasins.

720 — 759.

Cinquante ans après l'apparition des Francs dans nos environs, d'autres ennemis plus redoutables vinrent disputer aux Goths non plus une partie mais la totalité de leurs états : c'étaient les Sarrasins.

Des bords de l'Afrique, ce peuple belliqueux et barbare jetait depuis long-temps des regards de convoitise sur les belles contrées occupées par les Goths en deçà de la méditerranée. Muza, un de leurs chefs, en résolut la conquête, et envoya, pour l'effectuer, une armée nombreuse sous les ordres de Tarif, qui vint débarquer inopinément sur les côtes d'Espagne. Tout plia devant l'armée d'invasion, et en peu de temps la Gothie espagnole fut au pouvoir des Sarrasins. Ils franchirent les Pyrénées, l'an 720, sous la conduite de Zama, et Narbonne les vit bientôt à ses portes. Le siège ne fut pas long et l'issue en fut terrible : tout fut pillé et saccagé ; une partie des habitants périt par le glaive ; l'autre fut envoyée captive en Espagne. Cette prise importante décida du sort de la province narbonnaise, qui passa toute entière sous la domination des vainqueurs : Clermont fut donc, comme les autres villes de la province, du domaine des Sarrasins.

Qui pourrait dire les angoisses de nos ancêtres en voyant arriver ces conquérants farouches, sans autre loi que celle du sabre, et sans autre morale que celle de Mahomet, avec la brutale ardeur du désordre, de la dévastation et du pillage ! nation autrement barbare que le peuple goth qui, surtout depuis sa conversion, avait adouci l'âpreté de ses mœurs, et ne conservait presque plus rien de la férocité de son ancien caractère ! Clermont trembla aux approches du croissant, et fut presque tenté de dire un adieu éternel à l'humanité, à la religion, à la paix, dont la croix lui avait tenu lieu jusque-là de sauvegarde et de symbole.

1 *Hist. du Lang.*

Néanmoins, les Sarrasins, maîtres de nos contrées, montrèrent plus de modération qu'on n'avait lieu d'en attendre. Ils respectèrent la religion et les coutumes des vaincus, se contentant de changer les gouverneurs et d'imposer des tributs considérables. Aux villes moins importantes, comme Clermont, qui n'avaient pas de comte, ils donnèrent un chef subalterne appelé *Vicaire*. Malgré ses craintes, notre Ville en fut donc quitte pour son vice-gouverneur sarrasin, et une forte somme qu'il fallut payer à ces nouveaux maîtres.

La nouvelle domination aurait pu durer longtemps, si l'ambition, en poussant le peuple vainqueur à de nouvelles conquêtes, n'avait pas accéléré sa perte.

Il voulut expulser les Francs de Toulouse comme il avait chassé les Goths de la Septimanie; mais Eudes, duc d'Aquitaine, battit complétement son général, Zama, à qui il ôta même la vie; puis la troupe de ce dernier, recrutée par Abdérame, alla se faire écraser à Poitiers par Charles-Martel.

Depuis ce coup de marteau fatal qui battit en ruine la puissance des Sarrasins, elle alla toujours en déclinant. Le dernier effort qu'ils tentèrent sous Jussef, l'an 735, ne servit qu'à augmenter la gloire de Charles, qui les expulsa d'Avignon, de Nîmes, de Maguelonne, d'Agde, de Béziers, et les accula dans Narbonne. Pepin, son fils, après un long siège, les délogea de cette dernière ville, et dès-lors la domination sarrasine fut finie en deçà des Pyrénées.[1]

Le séjour des barbares d'Afrique dans notre Gaule narbonnaise ne dépassa pas quarante ans, et de ces quarante années je n'oserais décider si Clermont en passa une seule, assuré du maître à qui il obéirait. L'alternative continuelle des succès et des revers des Sarrasins tenait incertain le sort de notre pays, et il paraît même constant que Clermont appartint aux Francs dès l'an 738, ou provisoirement aux Goths, qui firent à Pepin, par un traité solennel en 759, la cession définitive de notre province.

Là commence l'histoire franque de notre ville ; faisons halte un instant pour secouer la poussière sarrasine et gothique.

1 *Hist. du Lang.*

CHAPITRE VIII.

Clermont sous Pepin et Charlemagne. — Histoire de Guillaume de Toulouse, autrement appelé S.-GUILHEM.

759 — 814.

PEPIN était roi de France quand il acheva la conquête de notre pays. Rien ne fut changé à nos lois, à nos usages, à nos institutions; la paix et la sécurité dont on commença de jouir, furent les seuls indices du changement qui venait de s'opérer. L'évêque de Lodève, Michel, gouverna paisiblement le diocèse jusque sous le règne de Charlemagne. [1]

Celui-ci succéda à son père Pepin, l'an 768, et n'acheva son glorieux règne que quarante-six ans après, l'an 814. Toutefois, il ne fut que

1 *Plantav.*

pendant treize ans roi immédiat de cette partie de la France, car, en 781, il donna à son fils, Louis, le royaume d'Aquitaine, qui comprenait tout le pays depuis l'Ebre jusqu'à la Loire, et depuis le Rhône jusqu'à l'Océan. Clermont se trouva ainsi dans le partage du nouveau roi.

Le royaume d'Aquitaine ne demeura pas lui-même sous l'autorité immédiate de Louis ; le morcellement du bel empire de Charlemagne commençait et allait donner naissance à la *Féodalité*. On allait voir bientôt cette monarchie compacte et unique, se résoudre en une foule de petites monarchies, par la création des Duchés, des Comtés, des Marquisats et des Baronies. C'est ce qu'on a appelé depuis : *la France féodale*, espèce de république aristocratique, qui a subsisté jusque vers la fin du dernier siècle, et dont on a pu dire beaucoup de bien et beaucoup de mal, comme de toutes les autres institutions politiques.

Le gouvernement de la partie orientale du royaume d'Aquitaine fut attribué par Charlemagne à Guillaume ou *Guilhem*, qu'il créa *Duc* de Toulouse.[1] Clermont fit partie de ce Duché. Plus tard, ce duché devait se diviser

---

[1] *Hist. du Lang.*

encore, et de subdivision en subdivision, notre Ville devait tomber dans le duché de Septimanie, dans le marquisat de Gothie, dans le comté de Lodève, et devenir enfin une Baronie.

La vie de ce Guillaume que Charlemagne créa duc de nos contrées, à la fin du huitième siècle, se rattache trop à notre histoire pour que je puisse en négliger les détails.

Cet illustre personnage était fils d'un comte appelé Ayméric par les uns, Théodoric par les autres, de la race royale et proche parent de Pepin. Charlemagne le prit jeune à la cour et le fit successivement comte du palais et capitaine de la première cohorte de sa garde. Guillaume avait la confiance du monarque, et il la méritait : il avait de la bravoure, de l'honneur et de la piété. Divers exploits, principalement contre les Sarrasins qui reparurent du côté de Narbonne, le rendirent bientôt célèbre ; il se distingua surtout dans un combat qu'il leur livra au passage d'une rivière sur la route de Carcassonne. Seul, au milieu de la mêlée, quand ses officiers et ses soldats l'abandonnaient, il soutint le choc des musulmans, abattit de sa main un de leurs chefs, et si sa valeur eût pu suppléer au nombre, il aurait remporté la victoire. Elle demeura aux Sarrasins : Guillaume la leur abandonna par une sage retraite ; mais leurs pertes furent telles, qu'ils n'eurent plus l'envie de poursuivre leur entreprise. La province reconnaissante bénit hautement le nom de son libérateur : les romanciers de l'époque chantèrent ses hauts faits, exaltèrent son courage ; il figura dans toutes les compositions poétiques du temps. Notre historien a cru le découvrir dans Renaud de Montauban si célèbre dans l'Arioste : il se fonde sur le nom de *Reginaldus* donné à Guillaume dans une vieille légende, et sur une tradition conservée, dit-il, dans la famille des Guilhems de Clermont.

Quoi qu'il en soit de ce héros de roman, Guillaume de Toulouse fut un véritable héros chrétien. Il joignit à ses exploits militaires des œuvres de piété éclatante. Il protégea l'état monastique, alors très-florissant, et voulut même avoir l'honneur d'une fondation. Les montagnes de notre voisinage, particulièrement celles de Gellone, appelées aujourd'hui de *St.-Guilhem-le-désert*, lui ayant paru propres à son dessein, il y fixa l'emplacement de son monastère, sur les bords de l'Hérault, au milieu des rochers et des broussailles. De là, pendant dix siècles, devaient s'élever vers le ciel des vœux pour la prospérité du royaume, et un continuel sacrifice d'expiation pour les iniquités du monde. Là, comme dans les autres établissements religieux de ce genre, la piété devait trouver un asyle ; le malheur, une providence ; l'étude, une retraite. C'est de l'abbaye d'Aniane, fondée vingt ans auparavant par St. Benoît, fils d'un comte de Maguelonne, que furent tirés les religieux nécessaires pour la fondation. Guillaume dota le nouveau monastère de plusieurs terres qu'il possédait dans le diocèse de Lodève et ailleurs. Non loin de là, ses deux sœurs, Albane et Berthe, en fondèrent un autre qui subsista jusqu'au treizième siècle.

Revenu à la cour de Charlemagne, Guillaume ne sollicita plus d'autre grâce que celle de quitter le monde, et d'aller s'enfermer dans sa chère solitude. *Après avoir si long-temps servi sous vos étendards*, dit-il au prince, *laissez-moi désormais servir sous ceux de Jésus-Christ*. Il obtint ce qu'il désirait, et le pieux monarque voulut encore lui faire don, pour son monastère, d'une parcelle considérable de la vraie croix, qu'il avait reçue du patriarche de Jérusalem. On la conserve presque entière aujourd'hui dans l'église de S.-Guilhem.

Chargé de la précieuse relique, Guillaume revint dans nos contrées, après avoir déposé, à Brioude, en Auvergne, sur le tombeau de St-Julien, sa cuirasse, son bouclier et ses armes, et avoir revêtu l'habit de pénitence. Il fut reçu parmi les Religieux de Gellone le jour de St. Pierre, de l'an 806.

Le monastère put s'édifier, pendant six ans, de la ferveur de l'illustre novice, qui se distingua par une humilité profonde et une piété exemplaire. On le vit courber sous le joug de l'obéissance ce front chargé de lauriers qui commandait le respect, et, de ces mains dont il avait foudroyé les ennemis de la patrie, manier le hoyau et la bêche pour défricher la terre, et tracer des chemins à travers les montagnes. Il mourut au milieu de la pratique de ces humbles vertus, laissant dans nos contrées une immense réputation de gloire et de sainteté.[1]

Je me suis peut-être un peu trop étendu sur la vie de ce personnage, mais le voisinage des lieux illustrés par ses vertus et par sa mort a dû me le faire considérer comme appartenant à l'histoire de Clermont. D'ailleurs, la dynastie des Guilhems, qui a gouverné notre Ville pendant tout le temps qu'elle est demeurée seigneurie, prétendait descendre de ce Guillaume : cette circonstance, si elle était vraie, rattacherait l'histoire de St. Guilhem à la nôtre de la manière la plus particulière.

1 *Hist. du Lang.*

CHAPITRE IX.

Établissement d'une colonie espagnole aux environs de Clermont.

814 — 844.

Avant d'entrer dans l'histoire particulière de notre Ville comme seigneurie, il n'est pas inutile de mentionner le fait assez important, accompli vers cette époque, de l'établissement d'une colonie de réfugiés espagnols aux environs de Clermont.

Depuis longues années les Sarrasins, refoulés en delà des Pyrénées, respectaient assez le territoire français, mais ils régnaient en conquérants en Espagne, et en conquérants inhumains. Comme ils exerçaient sur les vaincus une tyrannie insupportable, chaque année des familles entières d'Espagnols émigraient en France, et venaient se refugier ou dans la Marche d'Espagne ou dans la Septimanie. L'hospitalité la plus généreuse leur était accordée, et depuis Charlemagne, qui leur avait cédé plusieurs parties de terrain inculte, et les avait recommandés à la bienveillance des comtes du pays, les autres rois, ses successeurs, travaillaient à leur faire oublier leur patrie et à les fixer dans le royaume.

Une colonie de ces émigrés s'établit, dès avant l'année 815, aux environs de Clermont, notamment à Aspiran. Ils défrichèrent une partie du terrain qui leur fut concédé, et ils y vécurent tranquilles, heureux de se trouver à l'abri du joug que les Sarrasins faisaient peser sur leur patrie. Quelquefois, il est vrai, on essayait de leur disputer la propriété des terres qu'ils fécondaient de leurs sueurs, et dont ils tiraient leur subsistance; mais justice leur était bientôt rendue, et des édits royaux ne tardaient pas à intervenir pour les protéger contre ces injustes tracasseries. On lit dans l'*Histoire du Languedoc* un édit de Charles-le-chauve, qui confirme à ces Espagnols la possession héréditaire des terres défrichées par eux, et tous les droits qu'ils tenaient de Charlemagne son aïeul. Cet édit fut rendu sur la demande d'une députation composée des principaux émigrés établis à Aspiran et à Alignan, et signé à Toulouse, le

1er juin 844. Il peut être agréable à certains lecteurs de connaître les noms de ces députés de la colonie : c'étaient Ranemire, Aurifeuille, Elie et Cicila. Ils avaient avec eux deux prêtres, l'un nommé Hansemond et l'autre Mirabilis.[1]

Par l'établissement de cette colonie, Aspiran, qui était très-peu considérable, puisque l'édit ne le qualifie pas même de bourg, mais seulement de *villa*, vit sa population s'accroître, ses habitations se multiplier, et fut mis sur la voie de devenir le village le plus important du voisinage de Clermont.

Il est à croire que ce ne fut pas à Aspiran seulement que les Espagnols émigrés s'arrêtèrent et s'établirent; ils durent s'étendre dans les environs de notre Ville, pénétrer dans la Ville même, et s'y mêler à sa population primitive. Les nombreuses traces de l'idiôme espagnol qu'on remarque dans le patois du pays, pourraient bien en être une preuve, quoiqu'on puisse assigner d'autres causes à l'introduction de ces locutions hispaniques dans la langue vulgaire de la province en général, et de notre contrée en particulier.

1 *Hist. du Lang.*

CHAPITRE X.

Clermont Baronie. — Guillaume de Guilhem, premier seigneur de la Ville.

844 — 900.

Nous voici arrivés à l'époque où Clermont commence à se faire remarquer ; il va se constituer comme un Etat à part, ayant son gouvernement propre, et pouvant fournir son histoire sans être obligé d'emprunter à celle de ses voisins.

C'était l'époque du morcellement des grands fiefs, et de l'établissement des petites seigneuries héréditaires. Le duché de Toulouse, après s'être divisé en trois duchés dont un, celui de *Septimanie*, était le partage de Bernard, fils du fameux Guillaume, voyait ce dernier fief se subdiviser en *Marquisat d'Espagne* et en *Marquisat de Gothie*, et puis ces deux marquisats se morceller encore et se résoudre en Comtés, Vicomtés et Baronies.

On croit que c'est un frère de Bernard II, petit-fils de Guillaume et marquis de Gothie, qui donna à notre Ville le premier de ses Barons. Selon l'*Histoire* de nos Seigneurs, ce marquis aurait eu un frère nommé Fulgald, lequel aurait été père de Guillaume de Guilhem, premier Baron de notre Ville. Il est vrai qu'en parlant des enfants du duc de Septimanie, l'*Histoire du Languedoc* ne fait aucune mention de ce Fulgald; mais il est à croire que notre historien aura trouvé ce nom dans les archives du château qu'il consulta, et on peut bien s'en rapporter à lui jusqu'à preuve du contraire.

Voilà donc Guillaume de Guilhem, arrière-petit-fils de Saint Guilhem, investi de la Baronie de Clermont, et jetant les fondements de la Seigneurie Clermontaise. L'historien déjà cité atteste, sur la foi des archives qu'il consulta, que, dès l'an 880, la juridiction du Seigneur s'étendait aux dix-huit villages suivants : Mourèze, Salasc, Liausson, Nébian, Celles, Fontès, Nisas, Caux, Paulhan, Belargua, Puy-lacher, Tressan, Canet, Brignac, Ceyras, Saint-Felix, Jonquières, et Lacoste.[1] Je ne sais jusqu'à quel point, il

1 *Hist. des Seig.*

faut ajouter foi à cette assertion ; il en résulterait, si elle était prouvée, que le pays était déjà assez peuplé, et qu'une antiquité de dix siècles serait garantie à tous ces villages. Il en est même qui auraient alors joui d'une certaine importance, puisque, selon le même auteur, quelques-uns auraient eu un seigneur particulier relevant du Baron de Clermont ; tels sont : Brignac, qui avait pour seigneur un nommé Rostaing; Nébian, qui dépendait d'un nommé Philippe, et Mourèze, dont le seigneur s'appelait Ogier.[1]

Le premier soin de notre Baron fut d'organiser son petit État, et de lui assurer le bon ordre et la sécurité. Il fallait d'abord le mettre à l'abri des dangers qui pourraient venir du dehors, car les temps n'étaient pas tranquilles. Par suite de l'ambition de quelques seigneurs puissants et de la faiblesse des souverains, la France était, dans plusieurs parties de son territoire, déchirée par la guerre ou désolée par l'anarchie : heureusement que le théâtre de ces désordres se trouvait loin de notre contrée ; ce qui permettait à la défense d'être moins sévère dans le choix des précautions. Il ne fut pas jugé nécessaire de relever les remparts de la Ville détruits en 509. Le Baron se contenta de s'assurer de l'appui des seigneurs

[1] *Hist. des Seig.*

voisins et de la bonne volonté de ses vassaux, pour le cas d'une aggression ennemie.

L'organisation intérieure du chef-lieu de la Baronie nouvelle demandait une attention plus sérieuse. Déjà l'esclavage domestique s'effaçait sous l'influence de la civilisation chrétienne ; déjà aussi l'affranchissement des serfs et même des communes avait commencé, et il n'était pas donné à notre Baron d'appliquer au gouvernement de sa seigneurie le système commode du bon plaisir. Clermont comptait déjà bon nombre de ces hommes libres, qualifiés de *nobles* ou de *bourgeois*, qui jouissaient du privilége de l'indépendance, à quelques restrictions près, et échappaient à l'autorité féodale par leurs immunités plus ou moins étendues. Les droits de commune d'ailleurs venaient d'être accordés à la ville, l'an 869, par Charles le Chauve, ainsi que l'assure l'historien précité. Il y avait donc des ménagements à garder pour asseoir dans notre ville le pouvoir du Baron. Celui-ci eut besoin de beaucoup de sagesse pour concilier les franchises de ses vassaux avec les droits de son autorité, et il paraît que rien ne lui manqua à cet égard.

Clermont conserva le privilége d'avoir des *consuls*, magistrats choisis parmi les bourgeois de la cité pour l'administration intérieure, et pour la défense des intérêts communs. Il eut seulement à reconnaître l'autorité d'un *Bailli*, institué par le Seigneur pour le jugement des causes majeures, tant civiles que criminelles.¹ Nous ignorons quels autres droits furent stipulés de la part des Clermontais et de la part du Baron, à ces premiers temps de l'établissement de la Seigneurie : nous les verrons débattus plus tard avec chaleur, défendus avec persévérance, et enfin fixés par une transaction solennelle.

Ces prémices du gouvernement des Guilhems, qui devait durer tant de siècles, furent des plus favorables. Ils firent goûter les douceurs de la paix à nos ancêtres, dans un temps où la France et la province en particulier devinrent la proie journalière de la guerre et de l'anarchie. Quand on lit dans les annales de l'époque le triste détail des troubles qui agitèrent pendant si long-temps la Septimanie, l'Aquitaine, la Provence et la France entière, on ne peut que bénir le patronage salutaire des Guilhems, qui sauva Clermont de la tempête, et on regrette que l'histoire n'ait pas conservé à notre reconnaissance les noms des Seigneurs qui succédèrent à celui dont nous venons de voir la sage et bienveillante sollicitude pour le bonheur de nos aïeux.

1 *Hist. des Seig.*

CHAPITRE XI.

Clermont pendant le dixième siècle.

900 — 1000.

On s'occupait peu, au dixième siècle, d'écrire l'histoire : les guerres presque continuelles de cette époque n'en laissaient pas le loisir, et la terreur panique qui s'était emparée des esprits, à tel point qu'on s'était persuadé que le monde touchait à sa fin, en ôtait le courage. Aussi de grandes lacunes se font-elles remarquer dans l'histoire de ces temps difficiles : les détails chronologiques des histoires particulières disparaissent, et l'on ne distingue plus que quelques faits généraux, qui, à raison de leur importance, purent se conserver plus facilement sans le secours de l'annaliste.

Un des faits généraux de l'époque concernant l'histoire de notre contrée, qui survécut au naufrage

de mille autres moins importants, est l'épiscopat célèbre de Saint Fulcran, qui gouverna le diocèse[1] depuis l'an 949 jusqu'à la sixième année du siècle suivant. Ce grand Saint, dont la réputation s'est conservée immense jusqu'à nos jours, naquit dans le diocèse même (*in agro Lodovensi*), peut-être dans la Baronie de Clermont, laquelle s'étendait, du côté de Lodève, jusqu'à Partiages. Notre historien le fait même sortir de la famille des Guilhems, appuyé sur ce raisonnement, qui peut bien n'être pas considéré comme tout-à-fait concluant. Eustorgie, mère du Saint, était, selon la légende, mariée dans le diocèse de Lodève. Comme elle était de la noble famille des comtes de Sustantion, il est à présumer qu'elle se sera alliée avec une famille aussi distinguée que la sienne: « or, ajoute l'auteur, il n'y avait en tout le diocèse de Lodève, ni
» eu du depuis aucune maison qui aye égalé celle
» des Seigneurs de Clermont, pour y trouver les
» proportions que les mariages demandent. »[2]

Au reste, il fut glorieux pour Clermont autant que pour Lodève d'avoir à la tête du diocèse un évêque tel que Saint Fulcran : un bon pasteur est la gloire de tout le troupeau. Sa sainteté

[1] L'autorité temporelle n'appartenait point encore aux évêques de Lodève. Voyez *Hist. du Lang.*

[2] *Hist. des Seig.*

édifia toute la contrée ; ses mérites attirèrent les bénédictions du ciel sur le diocèse. On ne cite guère comme exceptions à la prospérité de notre pays, pendant la période de l'épiscopat de Saint Fulcran, qu'une famine et une maladie contagieuse, qui causèrent quelques ravages au milieu du dixième siècle ; encore même le premier de ces fléaux trouva-t-il un adoucissement dans la charitable sollicitude du Saint Evêque, et le second ne tarda pas à disparaître par la vertu des prières que Saint Fulcran adressa au ciel et qui furent exaucées, dit la légende, d'une manière miraculeuse.[1]

Sauf la conjecture sur le successeur de Guillaume de Guilhem, qui aurait été le père de Saint Fulcran, l'histoire est muette sur le règne des Barons de Clermont jusqu'à Bérenger premier. Celui-ci gouverna notre Ville à une importante époque : une nouvelle race de rois montait sur le trône de France, celle des Capétiens. Ce changement de dynastie occasionna une guerre civile, qui devint sérieuse par la part qu'y prirent les seigneurs du royaume. Une partie demeura fidèle à Charles de Lorraine, héritier naturel de la couronne, tandis que l'autre se déclara pour Hugues-Capet et son fils Robert. Notre province donna beaucoup

1 *Plantav.*

de partisans à Charles ; la plupart des seigneurs refusèrent pendant deux ans de reconnaître Hugues. On a dit que le nôtre ne fut pas si difficile, et qu'il se rangea des premiers du côté du nouveau roi ; ce qu'il y a de certain, c'est qu'en prenant parti pour l'un ou pour l'autre des prétendants, il ne dut pas se croire à l'abri d'une attaque de la part du parti opposé, puisqu'il songea à fortifier Clermont et à le munir de murailles, dont notre Ville manquait depuis le siège de Thierry.[1]

Bérenger fit commencer, en l'année 987, les nouvelles fortifications, qui devaient consister en une enceinte de remparts plus étendue et plus capable de résister que l'ancienne, flanquée de bonnes tours de distance en distance. C'est cette enceinte, dont il reste encore des vestiges considérables, qui, prenant du *Portail-noou*,[2] descend à *Rougas*, passe au *Planol* et remonte au château par l'hôtel-de-ville. Le Seigneur en dirigea le plan et en surveilla les travaux : il fit faire les tours rondes, différentes ainsi des anciennes qui étaient carrées. Il pressait l'œuvre, se croyant chaque jour à la veille d'être attaqué par les partisans de l'un des compétiteurs de la couronne. On construisait encore des tours et des murailles lorsque,

1 *Hist. des Seig.*
2 *Portail-neuf*, parce qu'il fut rebâti plus tard.

l'an 991, la mort de Charles termina la querelle, et laissa Hugues et son fils tranquilles possesseurs du trône. Il fut inutile de pousser les travaux ; la dynastie capétienne reconnue par toute la France ne trouva plus d'opposition, et ce fut la fin de la guerre civile.[1]

Telle est donc l'ancienneté de ces remparts et de ces tours dont les restes demeurent encore debout autour d'une partie de notre Ville : ils datent du dixième siècle. Bérenger I.er les fit élever à l'époque des guerres d'Hugues Capet et de Charles, et ces constructions se sont conservées jusqu'à nous comme un témoignage des secousses occasionnées à la France du moyen-âge par le changement de la race de ses rois. La discorde civile était allumée, notre patrie était devenue un champ de bataille, il fallut convertir en forteresses les plus petites villes : notre Clermont dressa ses murs, et éleva ses tours. Aurait-il résisté à une attaque? heureusement il en fut quitte pour la peur.

[1] *Hist. des Seig.*

CHAPITRE XII.

Clermont prend part à la première croisade.

1000 — 1109.

La guerre civile avait cessé ; mais les temps n'étaient pas devenus de beaucoup meilleurs. De grands scandales, des scènes nombreuses de meurtre et de pillage, déshonorent l'histoire du onzième siècle [1] ; on dirait la civilisation se mourant dans notre pays et léguant à la barbarie le plus beau de ses domaines. Heureusement le Christianisme était là vivant encore ; il devait sauver et régénérer une autre fois notre belle France.

En effet, au-dessus du sombre nuage dont avaient couvert l'horizon de notre belle patrie l'ignorance, l'anarchie et la dépravation, s'élevait le sentiment religieux comme un astre étincelant de la plus vive

[1] *Hist. du Lang.*

lumière. La France se peuplait de couvents, les évêques tenaient des conciles, les fidèles entreprenaient de longs et pénibles pélerinages, érigeaient des autels, bâtissaient des églises. On voit, en l'année 1057, l'évêque de Lodève, Rostaing, délégué par le pape Alexandre II pour la pose solennelle de la première pierre d'une église à Gignac et pour la bénédiction du cimetière.[1]

De tous les pélerinages pieux, le plus en honneur et en vogue, dans ce siècle, était celui de la terre-sainte. Un grand nombre de personnes de tout rang, de tout sexe, de tout âge, entreprenaient tous les ans le voyage de la Palestine, pour y aller visiter le Saint-Sépulcre et les autres lieux sanctifiés par la vie, la passion et la mort du Sauveur. De retour dans leurs foyers, ces pélerins, remplis des souvenirs religieux que la vue des lieux saints avait réveillés dans leurs âmes, devenaient des apôtres de piété, prêchant à tous le respect pour la croix, échauffant l'enthousiasme pour la visite et même la conquête de cette terre pleine de mystères, abandonnée aux infidèles. L'ordre donné par l'évêque de Lodève, Bernard III, de ne plus figurer des croix sur les pierres tumulaires, pour empêcher l'espèce de profanation qu'on aurait pu commettre en les foulant sous

1 *Plantav.*

les pieds, est un premier fruit de la prédication de ces pélerins. La croisade qui fut publiée en l'année 1095 par le pape Urbain II, au concile de Clermont d'Auvergne, en est le dernier résultat.

Notre Ville ne demeura point étrangère à cette célèbre expédition, qui transporta une partie de l'Europe en Orient pour la délivrance des lieux saints. Elle envoya son Baron et ses gentils-hommes courir les dangers de cette campagne religieuse que la piété avait inspirée, que l'ardeur guerrière fit exécuter, et qui, sans réussir complètement, fut néanmoins si féconde en exploits glorieux et en résultats salutaires.[1]

La France presque entière se croisa : princes, seigneurs, évêques, religieux, laïques, femmes, veillards, enfants, tout voulut avoir l'honneur de combattre les infidèles. Notre Baron, qui était alors Aymeri de Guilhem, ne fut pas des derniers à s'enrôler : il reçut la croix avec l'évêque de Lodève, et se joignit avec sa troupe à l'armée chrétienne, qui se monta bientôt à cent mille hommes.

Le Comte de Toulouse, Raymond Saint-Gilles, était un des principaux chefs de l'armée des croisés ; l'évêque de Lodève et le Baron de Clermont étaient sous ses ordres. Ils assistèrent comme lui

[1] *Hist. des Seig.*

au siège de Nicomédie ou de Nicée. Aymeri de Guilhem fut ensuite envoyé avec Guillaume de Montpellier pour reconnaître la place d'Antioche, dont on avait faussement annoncé l'évacuation.[1] On ne sait plus rien des exploits de notre Baron dans la terre-sainte; car les autres faits rapportés par l'*Histoire des Seigneurs*, tels que sa succession au commandement des troupes de Raymond Saint-Gilles, sa dispute avec le fils de Raymond au sujet de la possession des places de Tortose et de Tripoli, et sa mort par un coup de flèche, regardent le comte de Cerdagne et non le Baron de Clermont, selon l'*Histoire du Languedoc*. Toujours est-il vrai que, malgré la réussite de l'expédition et la prise de Jérusalem, ni l'évêque de Lodève,[2] ni le Baron Aymeri,[3] ne revinrent dans leurs foyers. Ils moururent au champ d'honneur, et laissèrent leurs os sur cette terre de mystères, à la conquête de laquelle ils avaient si généreusement concouru.

1 *Hist des Seig.*
2 *Plantav.*
3 *Hist. des Seig.*

CHAPITRE XIII.

**Guerre entre les Lodévois et les Rouergats;
Clermont y figure d'une manière brillante.**

1109 — 1157.

L'évêque de Lodève et le Baron de Clermont mourant en Palestine, léguèrent à leurs successeurs les périls d'une guerre beaucoup moins remarquable, suscitée par les gens du Rouergue : expliquons l'origine et les motifs de la querelle.

Attribuée d'abord aux comtes particuliers de Lodève, la suzeraineté temporelle du diocèse avait passé dans la maison des comtes de Toulouse, et était sur le point d'échoir à ceux du Rouergue, par l'incurie du jeune Alphonse et par les prétentions du comte de Rodez, allié depuis peu avec la dernière héritière de l'ancienne maison de Lodève. Celui-ci, maître du château de

Montbrun et d'une partie de la ville de Lodève, y tenait garnison et s'en titrait déjà *Vicomte* en 1140.[1] Ambitieux, remuant, il annonçait hautement l'intention de ne point en demeurer là : ses projets avoués étaient de conquérir en entier le double héritage qui lui semblait avoir été légué par l'extinction de la maison de Lodève et par la faiblesse actuelle de celle de Toulouse. Mais déjà, à côté de sa vicomté encore au berceau, la puissance temporelle de l'évêque avait grandi. Pierre Raymond, qui administrait le diocèse à cette époque, avait acquis l'autorité la plus imposante par les nombreux domaines dont il disposait et par les priviléges particuliers qu'il obtenait chaque jour de la munificence royale. Souverain déjà de la ville et du pays, il y exerçait les *droits régaliens*, faisant battre monnaie, donnant des lois, levant des taxes et rendant la justice.[2] Une telle puissance ne devait-elle pas faire taire l'ambition du comte de Rodez, et lui interdire la pensée de la braver? Il n'en fut pas ainsi, et le Rouergat entreprenant n'eut à cœur que de trouver l'occasion de mesurer ses forces avec le prélat.

Celui-ci, tranquille et patient, supporta long-

[1] *Hist. du Lang.*
[2] *Plantav.*

temps les vexations et les injustices par lesquelles son rival avait pris à tâche de le provoquer à une rupture. Elle devint enfin inévitable, et la guerre fut décidée.

L'évêque commence donc par s'assurer de l'assistance des seigneurs du diocèse, et les mande auprès de lui pour le défendre. Notre Baron, Bérenger II, s'empresse de répondre à l'appel; il part avec ses gentils-hommes et tout ce qui peut combattre; bientôt il est à Lodève sous la bannière épiscopale.

S'étant ainsi mis en mesure de livrer un combat, s'il était nécessaire, Pierre Raymond fait signifier au comte de retirer sur l'heure sa garnison; sans quoi on allait l'y contraindre par la force. Le Rouergat ne demandait pas mieux que d'en venir aux mains; mais il se trompait grossièrement dans ses calculs de victoire et de conquête. Une affaire eut lieu; elle fut chaude et décisive. Les gens du Rouergue furent complètement battus par les Lodévois et les Clermontais, si bien qu'ils abandonnèrent tous la ville de Lodève et le château de Montbrun, ne laissant des leurs que ceux qui avaient succombé sur le champ de bataille.

Lodève respira, et délivrée du voisinage importun de ces montagnards, elle bénit son évêque et notre Baron de les avoir expulsés si glorieusement.[1]

Cependant la mort de Pierre Raymond, arrivée à la fin de 1154, vint relever l'espérance des Rouergats et donner du courage à leur nouveau comte, qui, jeune encore et dans toute la fougue de l'âge, n'eut pas de peine à se persuader qu'il lui serait facile de réparer l'échec éprouvé par son père, et de reconquérir la vicomté de Lodève. Il descend donc de ses montagnes, à la faveur de l'interrègne, résolu de s'emparer du château de Montbrun, de la ville de Lodève et de tout le comté Lodévois. A cette nouvelle, l'alarme est dans le pays; tout est prêt à se lever pour repousser le joug du Rouergat.

On ne perdit pas temps à Lodève et dans notre Ville. Pierre de Posquières fut élevé promptement au siège laissé vacant par Raymond, et aussitôt intronisé, il donna ses soins à préparer la défense. Notre Baron, de son côté, se disposa à marcher; mais cette fois moins confiant sur le résultat de l'expédition, il ne voulut point partir sans se mettre à l'abri d'un coup de main de la part des Rouergats, au cas que, la victoire leur échéant, ils ne voulussent en venir tenter le siège. Il fit donc reprendre l'œuvre de Bérenger 1.er,

[1] *Plantav.*

son aïeul, qui avait commencé autour de Clermont une enceinte fortifiée, et l'avait laissée imparfaite; puis, dès que les travaux furent assez avancés, il monta à Lodève.[1]

Il était temps. Le jeune et bouillant Richard, c'était le nom du nouveau comte de Rodez, arrivé sous les murs du château de Montbrun, en avait entrepris le siège et le poussait avec vigueur. Il devenait urgent de porter secours à la place, de la dégager même, de peur que cédant aux attaques des Rouergats, elle ne relevât la domination de ceux-ci dans le pays, et ne leur ouvrit la porte de tout le comté de Lodève. L'évêque et le Baron se hâtent donc de réunir leurs forces et de marcher à la rencontre de Richard. Soutenus par ce chef intrépide, les montagnards opposent une résistance opiniâtre; mais ils sont culbutés enfin, poursuivis et obligés de reprendre le chemin du Rouergue. Montbrun est délivré, et les deux seigneurs victorieux rentrent dans leurs foyers, triomphants, salués par mille acclamations.[2]

[1] *Hist. des Seig.*
[2] *Plantav.*

CHAPITRE XIV.

Fondation de la Commanderie de Nébian.

1157.

L'expédition qui venait d'avoir lieu contre les Rouergats, n'avait fait que resserrer l'union qui existait déjà entre l'évêque de Lodève et le Seigneur de notre Ville. Ce fut cette union, si précieuse pour les circonstances, qui présida à la fondation d'une Commanderie d'Hospitaliers de Saint-Jean-de-Jérusalem dans le bourg de Nébian.

L'Ordre de Saint-Jean, appelé depuis l'Ordre de Malte, était tout à la fois religieux et militaire. Il avait pris naissance en Palestine, pour la défense des pélerins qui allaient visiter les saints lieux. Renfermés d'abord dans un hôpital de Jérusalem, d'où ils avaient emprunté leur nom, les Religieux de cet ordre s'appliquaient avec un dévouement admirable au soin des pélerins malades; puis, lorsque le besoin l'exigeait, ils prenaient les armes pour combattre les infidèles et protéger la croix contre les insultes des Sarrasins. Les Hospitaliers de Saint-Jean-de-Jérusalem étaient déjà parvenus à un état régulier et même florissant : des constitutions approuvées par le Saint-Siége, avaient réglé leurs obligations, leur hiérarchie, leur costume, leurs priviléges, et des donations considérables venaient chaque jour accroître les richesses et la puissance de cet ordre, qui pouvait rendre de si grands services dans un pays vers lequel étaient tournés tous les regards de l'Europe.

Notre Baron Bérenger ne pouvait demeurer indifférent à ce qui touchait de si près aux intérêts de la Palestine, pour la conquête de laquelle un de ses aïeux avait sacrifié sa vie. L'évêque de Lodève, lui-même, ne pouvait avoir oublié qu'un de ses prédécesseurs avait concouru à l'établissement du royaume de Jérusalem, que les Hospitaliers se dévouaient à défendre; il pouvait d'ailleurs être dans le cas de réclamer les services de ces charitables Religieux, en faveur des pélerins de son diocèse qui entreprenaient le voyage de la terre-sainte. Ces considérations déterminèrent les deux seigneurs à faire tous les sacrifices qu'exigeait l'érection d'une Commanderie dans les limites de leur juridiction.[1]

Nébian, bourg alors peu considérable, mais déjà ancien, fut choisi pour la fondation projetée. La seigneurie du lieu étant partagée à cette époque entre le Baron de Clermont qui possédait la plus grande partie du fief, et l'évêque de Lodève qui jouissait de tous les droits féodaux attachés aux deux églises de Saint-Julien et de Saint-Vincent, chacun eut à céder de ses droits respectifs. Le premier donna aux Hospitaliers plusieurs terres de la seigneurie; l'évêque, de son côté, leur céda l'église de Saint-Julien avec tous ses revenus, à l'exception de deux redevances moins considérables appelées le *quarton* et les *tierces*.

La donation fut agréée par le Grand-maître de l'ordre, qui nomma un Commandeur, lequel prit possession de sa Commanderie, l'an 1157, avec quelques frères *chevaliers* ou *servants*. Celui-ci fit bâtir une maison, agrandir l'église, et présenta à l'évêque un *chapelain* pour recevoir de lui les pouvoirs nécessaires au service spirituel. Cette formalité fut stipulée comme une clause de rigueur dans l'acte par lequel l'évêque céda l'église de Nébian aux Hospitaliers.[1]

1 *Plantav.—Hist. des Seig.* 2 Idem.

La Commanderie, enrichie plus tard de la seigneurie de Liausson et de plusieurs autres fiefs considérables,[1] se maintint florisssante jusqu'à la chûte de l'ordre. Elle forma une petite communauté dans laquelle les jeunes chevaliers novices trouvèrent l'éducation nécessaire pour remplir leur vocation ; une maison joignant l'église, avec un petit jardin, leur servait de clôture, et là, dans la retraite, ils s'exerçaient aux vertus et aux sciences propres à leur état. On voit encore à Nébian cette maison vis-à-vis la porte d'entrée de l'église : elle sert aujourd'hui de presbytère. Les murs qui la liaient à l'église ont été abattus pour ouvrir un passage à une rue ; le jardin subsiste, moins les agréments qu'il empruntait des soins et de l'aisance du Commandeur.

C'est la première communauté que Clermont vit s'établir dans son territoire : communauté qui servait d'asile au courage et à la vertu, de laquelle sortaient des chevaliers pleins d'enthousiasme et de dévouement pour la défense de la croix ; communauté aussi, ressource du pauvre, où l'indigent était toujours assuré de trouver le pain de l'aumône et les secours de la charité.

---

[1] La terre de *La-Tour* fit partie de son domaine ; on ignore l'origine de la tour carrée qui a donné son nom à cette terre.

CHAPITRE XV.

Suite et fin de la guerre des Rouergats.—Alliance des Guilhems de Clermont avec les Guillaumes de Montpellier.

1157.—1109.

Nous avons laissé Lodève délivrée de la présence importune des gens du Rouergue : chassés deux fois, ils devaient revenir encore après la mort de l'évêque, Pierre de Posquières, arrivée en 1160.

Le moment était critique. Toulouse venait de voir les Anglais à ses portes, soutenus et appuyés par plusieurs seigneurs de la province, entr'autres par notre Baron Bérenger. Une hérésie, d'ailleurs, déplorable par les désordres qu'elle occasionna, se répandait dans le pays, divisait l'Église et l'État, brisait violemment l'harmonie qui jusque-là régnait si bien entre les seigneurs laïques et les seigneurs ecclésiastiques. C'était l'hérésie albigeoise, condamnée quarante ans auparavant dans un concile de Toulouse, et plus tard dans un concile à Lombers, où l'évêque de Lodève, Gaucelin, se distingua par sa défense de la vérité.[1] Elle se relevait plus menaçante, en 1166, gagnait les populations, pénétrait jusque dans les châteaux ; la noblesse du pays Lodévois, et notre Baron lui-même se déclaraient en sa faveur.[1]

Richard de Rodez profita de la division qui commençait à éclater entre les seigneurs du diocèse et l'évêque, pour hasarder une seconde tentative contre le château de Montbrun. Il réussit. Bérenger de Guilhem l'ayant appuyé contre Gaucelin, les troupes épiscopales furent battues, le château de Montbrun fut pris, Lodève capitula, et il fallut que l'évêque consentît à signer un traité par lequel le comte du Rouergue devenait maître du château en litige pendant six mois de l'année.[2]

Notre Baron entra pour beaucoup dans ce dernier accommodement. Il revenait de son erreur, et commençait à se repentir de la démarche déloyale qu'elle lui avait inspirée contre son évêque. « Faisant réflexion, dit l'*Histoire des Seigneurs*,

[1] *Hist. du Lang.*
[2] *Hist. des Seig.*

» sur l'assistance qu'il a ci-devant donnée au comte
» de Commenge (Pierre Raymond) et à son suc-
» cesseur, Pierre de Posquières, évêque de Lodève,
» contre le comte de Rodez, et sur le délaissement
» qu'il a fait de Gaucelin en faveur dudit comte
» en cette dernière expédition, non-seulement il
» procure la paix publique entre les deux contestants,
» mais encore il restitue audit Gaucelin les dom-
» mages qu'il a soufferts en cette rencontre, lesquels
» il fait monter à la somme de deux mille sols
» *Melgoriens*, [1] qu'il débourse tout-à-l'heure entre
» les mains de l'évêque. »

Cela acheva la réconciliation. Bérenger rendit hommage à Gaucelin pour sa Baronie de Clermont, lui jura fidélité et assistance, et peu après, Hugues de Rodez, fils de Richard, ayant élevé des prétentions sur la possession intégrale du château de Montbrun, il appuya Gaucelin contre les prétentions du comte, et procura le maintien du traité conclu précédemment.

Enfin, Hugues renonça, l'an 1173, à faire valoir ses droits sur la ville et le comté de Lodève, moyennant le prêt d'une somme de dix-huit mille sous Melgoriens, qui lui fut comptée

---

[1] C'était la monnaie du comté de Melgueil, qui avait cours alors dans le pays. Le sou *Melgorien* valait huit sous ordinaires de la livre tournois.

partie par l'évêque, partie par le chapitre et les habitants de Lodève.

Il fut contraint de tenir parole; car le pape Alexandre III le fit menacer, par l'archevêque de Narbonne, d'une sentence d'excommunication avec interdit sur ses états, s'il se montrait infidèle à ses promesses.[1]

Ce fut comme la fin des dissensions entre Lodève et le Rouergue, et Aymeri II, qui succéda à Bérenger, vers l'an 1175, trouva le pays tranquille.

On voit, quelques années après, cet Aymeri contracter une alliance importante.

Selon l'*Histoire des Seigneurs*, il aurait épousé Marie, fille de Guillaume VIII, et petite-fille de l'empereur de Constantinople; c'est une erreur : la fille de Guillaume VIII fut mariée, en premières nôces, à Barral, vicomte de Marseille; en secondes nôces, à Bernard, comte de Comminges, et enfin en troisièmes nôces, à Pierre, roi d'Aragon. Ce qui est plus vrai, c'est que Guillaume VII, prédécesseur de ce Guillaume VIII, ayant eu une fille, aussi du nom de Marie, celle-ci fut donnée à Aymeri de Clermont, en 1182. Puylacher était encore alors dans le domaine de notre Baronie; on voit que ce château fut, avec quelques

---

1. *Plantav.*

autres, assigné pour douaire à la nouvelle épouse, qui, de son côté, apporta une dot de cent marcs d'*argent fin*. Aymeri eut de ce mariage un fils, que nous verrons lui succéder, en 1216, sous le nom de Bérenger III, et une fille nommée Marquise, qui épousa le seigneur de Lauran, petit-fils de Pierre Roger de Cabaret.[1]

[1] *Hist. du Lang.*

CHAPITRE XVI.

Fondation du Monastère de Cornils.

1190.

Aux environs de Lacoste, tirant vers le nord, on voit, sur la crête d'un petit monticule assez bien cultivé, les restes considérables d'un ancien monastère qu'on appelle encore *Cornils*. Des collines plus élevées et incultes le tiennent resserré de toute part, à l'exception d'une issue assez large au sud-est, par laquelle la vue s'échappe agréablement, et s'étend dans la plaine de l'Hérault. Au dessous, coule la rivière de la Lergue entre deux rives escarpées, accidentées de la manière la plus pittoresque. Le lieu de Cornils est un de ces lieux qu'à l'époque des fondations d'ermitages et de couvents, on croyait n'avoir pu être préparés ainsi par la nature que pour cette pieuse destination. Il est retiré, solitaire, favorable à la vie contemplative : un ami de la vie érémitique ne pouvait passer là sans y planter son bâton et dire : je ferai ici mon oratoire.

Il est à présumer que ce fut, en effet, un de ces hommes aux mœurs solitaires, nommé *Cornelius*, qui consacra par une petite chapelle le lieu dont nous parlons, et lui laissa le nom de *Cornelius*, dont celui de Cornils n'est que la traduction. Il avait construit à côté une modeste grange (*villa*), pour lui servir de demeure, et quand il eut transporté sa demeure dans le ciel, sa grange et son église devinrent le patrimoine des fidèles qui, des environs, purent aller y accomplir leurs pélérinages pieux.

Par une bulle du pape Adrien IV, datée de l'année 1154, l'église et la *villa* de Cornils avaient été mises à la disposition de l'évêque de Lodève, pour qu'il en fît, selon son choix, un couvent de Réguliers ou de Religieuses. La même donation fut confirmée à l'évêque Gaucelin par Alexandre III, en l'année 1163.[1]

Ce n'était néammoins, en 1190, qu'un ermitage de Notre-Dame, lorsque l'évêque Raymond de Madières résolut de le donner à l'abbesse de Nonnenques, pour qu'elle en fît un monastère

[1] *Plantav.*

de son ordre. Les Religieuses de Nonnenques étaient de l'ordre de Citeaux tant illustré par St. Bernard, de qui elles avaient pris le nom de *Bernardines*. Elles portaient l'habit blanc en l'honneur de la Sainte Vierge, patronne de l'institut; elles faisaient profession de la plus stricte pauvreté, jusqu'à n'admettre dans leurs églises ni or, ni argent, ni soie; et leur vie se partageait entre la prière, la lecture et le travail des mains. L'abbesse de Nonnenques se nommait Belixpende; ce fut avec elle que l'évêque de Lodève concerta la fondation du nouveau monastère. Pour fournir à la subsistance des Religieuses, Raymond de Madières inféoda au monastère l'église paroissiale de Saint-Etienne-de-Rougas, avec tous les oratoires et chapellenies qui en dépendaient, en sorte que la prieure de Cornils jouit, dès ce moment, du droit de percevoir toutes les redevances que ces églises payaient à l'évêque, celui-ci ne s'étant réservé que les droits spirituels de nomination et de juridiction. Le prieur de Rougas ne porta plus dès-lors que le nom de *Vicaire perpétuel de Saint-Etienne*.[1]

Ainsi doté, le monastère fut disposé par les soins de l'abbesse, de manière à pouvoir recevoir une colonie de Religieuses : les constructions

[1] Plantav.

existantes furent agrandies, l'église réparée, et quand les travaux furent terminés, les Religieuses vinrent s'y établir, et défense expresse fut faite par l'évêque de Lodève aux séculiers d'aller les troubler dans leur retraite. Elles y vécurent pendant quelques années dans la pratique des plus hautes vertus chrétiennes; mais il ne paraît pas qu'elles aient séjourné long-temps dans le monastère; car, à partir de l'an 1203, toutes les fois qu'il est fait mention de Cornils dans la *Chronologie* de M. Plantavit de la Pauze, il n'en est parlé que comme d'une chapellenie simple.

Cornils, néanmoins, continua de dépendre de l'abbesse de Nonnenques, jusqu'à nos derniers temps. L'église de Saint-Etienne-de-Rougas en fut détachée, dès l'an 1275, avec les oratoires de St.-Pierre et de Fouscais, et peu-à-peu dépouillé et négligé, l'ancien monastère dépérit et finit par tomber en ruine.

CHAPITRE XVII.

Révolte à Lodève contre l'évêque, réprimée par le Seigneur de Clermont.

1190 — 1208.

Malgré l'esprit religieux de l'époque, qui faisait peupler la campagne d'églises et de monastères, l'impiété albigeoise n'en poursuivait pas moins sourdement ses ravages. Elle allait se propageant dans le pays, soufflant l'insubordination dans les villes, les disposant ainsi à la révolte et à tous les excès qui en sont la conséquence ordinaire.

Pierre Frotier, successeur de Raymond de Madières, gouvernait à peine depuis un an le diocèse, que l'hérésie commença à lui susciter des troubles graves, dans le sein même de sa ville épiscopale. On murmura ouvertement contre son autorité, on se récria contre ses droits temporels, qu'on trouva exorbitants et tyranniques, et on annonça hautement l'intention de les réduire. La voie des représentations et des requêtes ne pouvait convenir à des hommes que l'hérésie commençait à rendre audacieux; aussi s'accommodèrent-ils mieux du parti de la violence. Ils dressèrent une série de statuts qu'ils se proposèrent d'imposer à l'évêque, et dont ils résolurent de lui faire jurer l'observation. C'était en l'année 1201. Les factieux se portent au palais de l'évêque; ils crient, menacent, brisent tout ce qu'ils rencontrent dans les appartements; rien de précieux n'est épargné; ce fut une scène épouvantable de confusion et de désordre. La victoire ne pouvait être douteuse dans cette lutte d'une bande forcenée contre un prélat pacifique. Aussi bien eut-elle été inutile; l'évêque et ses chanoines souscrivirent aux conditions des rebelles; ils jurèrent et signèrent tout.[1]

Mais le triomphe des factieux était loin d'être assuré. Quand l'orage fut passé, et que le calme des esprits vint montrer à l'évêque Frotier la possibilité de recouvrer ses droits, il ne manqua pas de se pourvoir auprès de l'autorité compétente pour obtenir l'absolution de ses serments; et la chose n'était pas difficile. La violence qui les

[1] *Plantav.*

avaient extorqués, et l'injustice des règlements dont ils étaient la sanction, étaient deux motifs plus que suffisants pour les faire annuler. La dispense fut accordée par le pape Innocent III, avec excommunication contre les auteurs de la révolte, au mois de Juin 1202.[1]

Ainsi l'évêque et le chapitre rentrèrent dans la possession de leurs droits. Un nouveau soulèvement était cependant encore à craindre, et il fallait cette fois n'être point pris au dépourvu comme lors du premier. On avisa donc aux moyens de défense : on mit la dernière main aux fortifications, on s'assura des dispositions des seigneurs voisins : celui de Saint-Guiraud, Bérenger de Lozières, et celui de Clermont, Aymeri de Guilhem, promirent, en cas de besoin, prompt et puissant secours. Précautions malheureusement insuffisantes !

Tout demeura calme jusqu'en 1207 ; mais cette année l'éclat fut terrible. Le palais de l'évêque est tout-à-coup assailli par une bande furieuse ; dans un clin-d'œil les portes sont forcées, les appartements envahis, on pénètre jusqu'au prélat, qui n'a eu le temps ni d'appeler du secours ni de prendre la fuite, et déjà cent bras levés le menacent d'une mort prochaine. Cette fois, il

[1] *Plantav.*

demeure inébranlable : ni les cris, ni les coups, ni la mort ne peuvent lui arracher les concessions injustes qu'on lui demande ; il se laisse frapper, meurtrir, et ses lâches assassins ne pouvant rien contre son inflexible fermeté, l'achèvent impitoyablement.

La nouvelle de cette affreuse catastrophe arrive bientôt à Clermont, et y répand la consternation et l'effroi. Notre Baron Aymeri en fut accablé de douleur : il avait embrassé, lui, avec tant de dévouement, la cause de l'évêque, et promis de la défendre ! Le mal était sans remède ; mais un pareil attentat demandait une prompte et éclatante justice. Il part indigné avec les gentilshommes de sa Baronie [1], résolu d'atteindre les coupables et de les châtier d'une manière exemplaire. Arrivé à Lodève, il fait fermer les portes de la ville, et procéder aux informations. Seize des plus coupables sont bientôt reconnus et arrêtés. Leur crime était sans excuse. Aymeri les fait condamner au dernier supplice, avec bannissement de leurs enfants jusqu'à la quatrième génération. Sa sentence

---

1 On trouve dans l'*Histoire du Languedoe* le nom de deux gentilshommes de cette époque, Pierre de Clermont et Raymond de Nébian. Ils durent faire partie de l'expédition.

fut confirmée par un arrêt de Philippe II, signé à Vincennes, et daté de 1208.[1]

Telle fut l'issue de cette révolte soufflée par l'hérésie encore naissante; elle conduisit à un grand crime et ne put être réprimée que par l'effusion du sang. Disons qu'elle ne fut l'œuvre que d'une faible partie de la population Lodévoise, d'ailleurs paisible et attachée à ses pasteurs : il fut aisé de s'en convaincre par les regrets universels qu'excita dans la ville la perte du vénérable et malheureux évêque, et par les honneurs extraordinaires qui furent rendus à sa dépouille mortelle. « Le deuil de la ville fut tel, disent les mémoires du temps, qu'on aurait cru qu'il s'agissait de la mort du *père de la patrie*.[2] »

[1] *Plantav.* — *Hist. des Seig.*
[2] *Plantav.*

CHAPITRE XVIII.

**Premiers effets de l'hérésie albigeoise
à Clermont.**

1208 — 1216.

L'hérésie fermentait dans le diocèse, mais elle n'y était point encore d'une manière bien avouée et bien formelle. Et cependant elle était flagrante dans le reste du Languedoc; elle avait gagné les plus puissants seigneurs : Raymond de Toulouse et Roger de Beziers en étaient devenus les protecteurs et les patrons. Sous leur égide, d'ardents Albigeois couraient le pays, déclamant contre l'Eglise et contre ses dogmes les plus sacrés, brisant les croix, renversant les autels, rebaptisant les peuples, se livrant aux excès les plus inouis à l'égard des prêtres, des religieux et des fidèles.

Clermont ne pouvait tenir plus long-temps

contre le fléau qui le pressait de toutes parts. Notre Baron Aymeri en fut le premier atteint. Il se laissa entraîner par l'influence et les perfides conseils de Raymond et de Roger, et, oubliant les principes religieux héréditaires dans sa famille, car c'était à peine si Bérenger II avait fait une légère exception, il abandonna la cause de l'Eglise, qu'il avait si bien défendue jusque-là, pour mettre son dévouement et ses armes à la disposition de l'erreur. Il se ligua avec ses patrons, et prit une part active à la guerre qu'ils soutinrent contre les catholiques : [1] guerre déplorable, où, de part et d'autre, sous prétexte de religion, on commit des atrocités révoltantes. La soumission du comte de Toulouse, qui eut lieu en 1209, épargna beaucoup de sang; mais combien l'obstination du vicomte de Beziers n'en fit-elle pas couler ! On dit qu'aux approches de l'armée catholique, il voulut entrer en accommodement; c'était trop tard: Beziers fut assiégé, pris d'assaut, pillé, saccagé, inondé de sang; un vaste incendie couronna l'œuvre de destruction, et la ville entière fut réduite en cendres. [2]

Si cette grande et terrible leçon ne convertit pas notre Aymeri, elle dut au moins beaucoup abattre son ardeur pour la cause albigeoise.

[1] *Hist. des Seig.*
[2] *Hist. du Lang.*

Aussi, craignant pour lui le châtiment de Roger, il s'enfuit à Clermont, se retrancha dans son château, et s'y tint tranquille. Cette conduite prudente lui valut la cession de Gignac, qu'il obtint, moyennant la somme de 200,000 sous melgoriens, de Simon de Montfort, héritier des domaines conquis par lui sur le vicomte Roger de Beziers.[1]

La prudence était bien la vertu de notre Baron; mais c'était la seule que lui eût laissée l'hérésie, à laquelle il était toujours dévoué secrètement. Avant la guerre, il avait essayé de l'usurpation des biens ecclésiastiques, ce qui lui valut une excommunication majeure; après la guerre, et quand le danger fut passé, il reprit le cours de ses rapines sacriléges. Il pilla les églises de la Baronie, les dépouilla et s'en servit pour faire des forteresses; puis, il rançonna ses vassaux, et les contraignit à lui fournir des sommes exorbitantes.

Déplorable situation! elle fut l'œuvre de l'hérésie, de laquelle le Seigneur empruntait ses inspirations tyranniques; les autels étaient dépouillés, les églises profanées, les Clermontais eux-mêmes étaient accablés d'impôts: un tel état de choses n'était pas tolérable.

Aussi le fils d'Aymeri, qui fut plus tard Bérenger III, ne put-il voir sans indignation la conduite

[1] *Hist. du Lang.*

criminelle de son père. Transporté, il s'arma contre lui, le chassa du château, et sans les réclamations de la nature, qui plaide toujours au cœur d'un fils bien né la cause du père le plus coupable, il lui aurait fait expier sévèrement ses injustices et ses sacriléges. Il espéra le vaincre par les voies de la conciliation et de la douceur, et, lui ayant ouvert les portes du château, il l'exhorta à rentrer en lui-même et à revenir à de meilleurs sentiments.[1] L'évêque de Lodève, qui était alors Pierre IV, voulut joindre ses remontrances à celle du jeune Béranger. Il pressa le vieux Aymeri de laver par une conversion éclatante l'injure qu'il faisait à l'illustre famille des Guilhems, si renommée par sa loyauté et sa religion. Un moment de calme devait suffire au Baron égaré, pour entendre ce langage et revenir de ses erreurs : il y avait encore au fond de son âme, des restes vivants de cette piété traditionnelle puisée au foyer domestique; et la passion n'avait pu réussir à les détruire. Le moment favorable était arrivé. Habile à le saisir, l'évêque fit envisager à Aymeri le châtiment récent de Roger de Beziers, et lui fit appréhender pour lui-même quelque chose de pareil : il lui retraça les exemples de ses aïeux, lui rappela les services

1 *Hist. des Seig.*

signalés qu'il avait rendus précédemment à l'Eglise, et le pressa de ne pas démentir plus long-temps et les principes professés par ses ancêtres, et les dispositions qu'il avait montrées lui-même. Tout cela, présenté avec l'ascendant que donnent la religion et la vertu, fit impression sur Aymeri; il reconnut sa faute, et promit satisfaction.[1] Les légats du pape étaient alors à Narbonne. Le Baron converti se rendit auprès d'eux pour recevoir l'absolution de ses censures. Sa réconciliation fut des plus édifiantes et des plus sincères; il jura humblement, devant les légats, de *s'en référer en leur sentence, et de satisfaire pour tout ce qui lui avait attiré l'excommunication dont il avait été lié*, et ayant donné bonne caution, il fut absous. La sentence ultérieure fut rendue peu de temps après, et signifiée au Baron. Elle était datée de Montpellier, et portait qu'*Aymeri restituerait à ses vassaux les sommes qu'il en avait injustement extorquées, et à l'évêque de Lodève les dîmes qu'il s'était appropriées, avec les églises qu'il avait changées en forteresses*. De plus, qu'il irait combattre les Maures en Espagne pendant un mois, non compris le temps nécessaire pour le voyage.

Tout fut exécuté à la lettre, et comme si le

[1] *Plantav.*

ciel n'avait voulu conserver la vie au Baron pénitent que pour lui laisser le temps de réparer les excès de sa vie criminelle, à son retour d'Espagne il fut pris d'une maladie grave qui le conduisit au tombeau. Une des clauses de son testament portait que Bérenger, son fils aîné, lui succèderait dans la Baronie, et que les rentes du château de Canet seraient, à perpétuité, employées en œuvres pies pour le repos de son âme.[1]

[1] *Hist. des Seig.*

CHAPITRE XIX.

Nouveaux troubles occasionnés par l'hérésie.

1216. — 1240.

Ami de la paix et attaché à la religion catholique, Bérenger III promettait un règne bien différent de celui de son prédécesseur. Il ne trompa pas les espérances qu'on avait conçues de lui : grâce à sa sagesse et à sa piété, la Baronie jouit d'une paix constante pendant les vingt-trois ans que dura son administration. Il vécut en bonne intelligence avec l'évêque de Lodève, Pierre IV, et travailla, de concert avec lui, à préserver le diocèse de la contagion si funeste de l'hérésie régnante.[1] M. Plantavit de la Pauze, dans sa *Chronologie*, nous donne les noms du prieur qui

[1] *Hist. des Seig.*

gouvernait alors notre paroisse de Saint-Paul, et du vicaire qui desservait la paroisse de Saint-Etienne-de-Rougas : le premier s'appelait *Raymond-de-St.-Amans*, le second se nommait *Bérenger*.

Le reste de la province n'était pas cependant tranquille. La guerre des Albigeois continuait avec des alternatives de revers et de succès pour les parties belligérantes ; puis, le plan de spoliation qui se poursuivait contre le comte de Toulouse, dont les états étaient convoités par la maison de Montfort et par le roi de France, ne devait pas de long-temps laisser le pays en repos. Le jeune et ardent Raymond VII réclamait vivement contre la déprédation des beaux domaines de son père ; et pour les conserver ou les reconquérir, il avait pris l'épée, résolu de ne la quitter que lorsqu'il aurait vaincu ou succombé dans la lutte.[1]

Ces troubles si graves, ces guerres si furieuses de religion ou d'intérêt, étaient de nature à compromettre la tranquillité dans la Baronie, et il fallut toute la prudence de Bérenger pour l'y maintenir. Il prit sagement le parti de l'union catholique, qui était, au reste, celui de la victoire, et se tint séparé du parti contraire, beaucoup plus faible, celui de Raymond de Toulouse et

[1] *Hist. du Lang.*

de l'hérésie. Lorsqu'en 1226, le roi Louis VIII vint faire le siège d'Avignon, il fut du nombre des seigneurs de la province qui allèrent jurer foi et hommage au monarque français, à l'exclusion du comte de Toulouse, qu'ils s'obligèrent à ne plus reconnaître. Par ce moyen, il régna tranquille, et ses vassaux n'eurent rien à souffrir des troubles qui agitaient le reste du pays.[1]

Malheureusement son fils, qui lui succéda, n'imita point son exemple. Il portait le nom d'Aymeri, comme son aïeul; et ce nom semblait être destiné au désordre. Jeune, léger, bouillant, le nouveau Baron prêta l'oreille aux insinuations du comte de Toulouse, qui l'entraîna dans son parti. Bientôt il leva l'étendard de la révolte, et renouvelant les scènes de son homonyme, il se répandit dans le pays, s'empara des châteaux, pilla les églises et rançonna les populations. Un agent de Raymond l'assistait dans tous ces exploits, le dirigeait et recueillait le butin. Rien ne semblait devoir arrêter la fougue du jeune guerroyeur. En vain, Bertrand de Mornay, l'évêque de Lodève, lui fit-il signifier l'ordre de venir lui rendre hommage pour le château de Clermont dont il avait le haut domaine, et d'expulser de la Baronie l'agent du comte de

[1] *Plantav.*

Toulouse ; Aymeri méprisa tout, et se laissa excommunier. L'anathème fut lancé par l'évêque de Lodève, et confirmé par le légat du pape résidant à Narbonne.[1]

L'état violent dans lequel la conduite d'Aymeri plaçait la Baronie de Clermont, aurait pu se prolonger, si St. Louis, qui régnait alors, averti par l'évêque, n'avait interposé son autorité, puissante à cette époque dans le Languedoc. C'était, en effet, le moment où il venait de soumettre Raymond de Toulouse, et d'en obtenir la cession de tous ses droits sur le pays, par un traité signé à Paris le 12 Avril de cette année 1229. Jean de Fricampe, sénéchal de Carcassonne, reçut du roi vainqueur la commission de contraindre par les voies de droit le Baron récalcitrant, et de l'obliger à faire satisfaction à l'évêque. Aymeri céda; il craignit avec juste raison que sa résistance ne finît par lui être funeste. Il rompit entièrement avec le comte de Toulouse et avec le parti des Albigeois, et se réconcilia avec l'évêque son seigneur, à qui il prêta humblement hommage, l'an 1239.[1]

[1] *Plantav.*

CHAPITRE XX.

Les Clermontais se révoltent contre leur Seigneur. -- La Ville est privée du consulat et de ses franchises.

1240. — 1242.

AYMERI III n'existait déjà plus en 1240, et Bérenger IV lui avait succédé. Le premier acte de ce nouveau Seigneur fut un acte d'hostilité contre l'évêque de Lodève, à qui il refusa de prêter l'hommage prescrit pour la prise de possession. Il fallut que St. Louis l'y contraignît, comme il avait fait à l'égard de son prédécesseur; et lorsque, en 1243, l'hommage dut être renouvelé à un autre évêque, Guillaume de Cazouls, successeur de Bertrand de Mornay, il fut besoin encore des injonctions royales pour décider Bérenger à cet acte de soumission, qui commençait à devenir assez pénible pour l'amour-propre des Guilhems. Le saint roi, cette fois, voulut par son exemple, adoucir au Baron la rigueur du sacrifice; il prêta lui-même l'hommage de vassal à l'évêque pour le château de Ceyras dont il avait le domaine immédiat, depuis la mort de Pierre Bremond, son seigneur.[1]

A cela près, Bérenger fut un seigneur fidèle à la cause du roi et de l'Eglise. Il ne donna pas le moindre témoignage de sympathie au parti des Albigeois, qui se relevait, ni au comte de Toulouse, qui, ayant repris les armes, obtenait des succès contre les forces réunies de St. Louis et du comte de Provence. Mais ce qu'il ne fit pas, ses vassaux le tentèrent pour lui et contre lui. Plusieurs villes venaient de se soulever en faveur de l'hérésie; Clermont voulut imiter leur exemple.

La révolte fut soufflée par quelques agents occultes que le comte de Toulouse conservait dans la Baronie, et neuf Clermontais, secrètement hérétiques, en furent les principaux instigateurs. Ils se nommaient : Jean Puech, Bernard Malet, François Cavalier, Jean Salasc, Isaac Barthélemi, Antoine Fayet, Denis Douet, Mathieu Brun, et François Metuel. Pour mieux attiser la révolte,

[1] *Plant.* — *Hist. des Seig.*

ils travaillèrent à répandre parmi le peuple des idées défavorables à l'autorité tutélaire du Seigneur : ils le représentaient comme un tyran, ennemi de la liberté de ses vassaux, les tenant courbés sous un joug odieux dont partout ailleurs on voyait les populations s'affranchir. Les droits de commune et de consulat dont la Ville jouissait depuis le règne des premiers Guilhems, étaient représentés comme beaucoup trop insuffisants pour l'ère de liberté et d'indépendance que l'hérésie venait ouvrir. Au libertinage de l'esprit, car l'hérésie en est un, comme au libertinage du cœur qui en est la suite, il ne faut pas quelques libertés seulement, il les faut toutes, et le moindre frein est intolérable.

Les sourdes menées des factieux eurent leur effet, et bientôt les Clermontais se trouvèrent prêts pour un soulèvement. Bérenger ignorait tout, ou faisait semblant de l'ignorer, se confiant dans la bonne opinion qu'il s'était faite de la soumission de ses vassaux, et dans la puissance de sa dignité et de ses murailles. Il était tranquille dans son château, lorsque tout-à-coup des groupes nombreux et menaçants se forment dans la Ville, se réunissent, s'acheminent vers la demeure seigneuriale, et bientôt en assiègent les portes. Le Baron aurait pu opposer résistance;

mais il répugnait à des mesures violentes qui auraient pu coûter la vie à quelques-uns de ses vassaux plus aveuglés que méchants. Il prit le parti de la fuite, et ayant fait sortir ses gens par les derrières du château, il s'échappa lui-même, et alla se réfugier chez un des seigneurs voisins.

Il comptait bien que le triomphe des rebelles ne serait qu'éphémère; étaient-ils assez forts pour empêcher, à l'aide de leur conquête, la chûte du parti albigeois et du comte de Toulouse, qui allait succomber sous le double coup des succès de St. Louis et de la défection des plus puissants alliés de Raymond, les comtes de la Marche et de Foix?

Le château, pris et envahi par la populace, fut saccagé complètement; elle n'aurait pas épargné le Baron lui-même, s'il s'y était rencontré. Mais devenue maîtresse, quel profit lui revint-il de sa victoire? Une anarchie de quelques jours, bientôt le remords et la crainte du châtiment, peu après le châtiment lui même, tels furent les seuls fruits de cette malheureuse échauffourée.

Rentré en possession de ses droits, ce qui ne tarda guère, Bérenger, comme il fallait s'y attendre, se mit en mesure de venger l'outrage fait à son autorité, et de donner une leçon à ses vassaux rebelles. Il eut recours au sénéchal de Carcassonne, et lui demanda sévère justice contre un tel acte d'insubordination, qui pouvait être autant considéré comme attentatoire aux droits du roi, que préjudiciable à l'autorité du Seigneur. Les vœux de Bérenger furent exaucés. Une suppression entière des franchises et priviléges dont jouissaient les Clermontais fut décidée comme la juste punition de leur révolte contre la puissance seigneuriale. Le fatal arrêt du sénéchal fut publié la même année, 1242, dans les termes suivants :

« A perpétuité, sont les habitants du lieu de
» Clermont et demeurent privés du consulat,
» de consuls, droit d'assemblée et communauté,
» et autres droits et libertés, desquelles ils ont
» ci-devant joui. » [1]

1 *Hist. des Seig.*

CHAPITRE XXI.

Négociations pour le recouvrement des franchises — Institution d'un syndicat. — Troubles, scandales.

1242 — 1254.

La sentence du sénéchal fut un coup de foudre qui jeta la Ville dans la consternation. Et certes, c'était lui faire une peine bien sensible que de la dépouiller de ses droits de commune, dans un temps où les villes qui n'avaient pas ces droits se montraient si jalouses de les conquérir; c'était de plus la mettre dans une position très-fâcheuse que de la livrer toute entière à la merci d'un seul homme, sans une administration intermédiaire qui surveillât et défendît les intérêts des habitants. Aussi, quand les premiers moments de stupeur furent passés, un mécontentement général se déclara dans la Ville et monta jusqu'à l'irritation; on se plaignit, on murmura, on annonça même tout haut l'intention de ressaisir de force les droits que l'arrêt du sénéchal venait de confisquer. Si on ne le fit pas entièrement, on l'exécuta du moins en partie, et le Seigneur apprit bientôt que des syndics avaient été nommés pour tenir place des anciens consuls et administrer la commune.[1]

Bérenger ne pouvait tolérer une entreprise qui tendait à rendre illusoire le châtiment qu'il avait fait infliger à ses vassaux rebelles ; il cassa donc les syndics, et surveilla d'une manière plus rigoureuse l'exécution de l'arrêt qui tenait la Ville sous sa dépendance exclusive et immédiate.

Sept années entières s'écoulèrent ainsi, et Bérenger ne relâcha rien de sa sévérité. Cependant l'année 1249 laissa entrevoir quelque espérance d'accommodement. Raymond, évêque de Beziers, et Ginalfred, seigneur de Faugères, se rendirent à Clermont, entendirent les parties et essayèrent de les mettre d'accord. Leur médiation ne fut pas sans résultat : ayant fait consentir les Clermontais à payer au Seigneur une amende de 13,000 sous melgoriens, ils amenèrent celui-ci à leur accorder, pour les cas d'urgence seulement,

[1] *Hist. des Seig.*

l'autorisation de se nommer des syndics provisoires, dont le pouvoir cesserait en même temps que la cause qui les aurait rendus nécessaires.[1]

Cet accommodement améliorait la position des Clermontais ; ils s'en contentèrent pour quelque temps. Mais bientôt les formalités et les longueurs qu'exigeait chaque nomination des syndics, firent sentir l'insuffisance de ce qu'ils avaient obtenu, et désirer plus ardemment le rétablissement de l'ancien ordre de choses. L'élévation de Bérenger V, qui succéda à son père, l'an 1250, dans le gouvernement de la Ville et de la Baronie, fut une occasion favorable pour entamer de nouvelles négociations relativement à cette affaire. Une pétition fut rédigée dans les termes les plus respectueux, et couverte ensuite de signatures.[2] Les suppliants demandaient au nouveau Baron *qu'il lui plût permettre une assemblée de ses vassaux de Clermont, laquelle assemblée, présidée par lui, nommerait un ou plusieurs syndics pour gérer les affaires de la Ville pendant l'année.* Mais le nouveau Bérenger se montra aussi intraitable que son père ; il rejeta la requête, confirma ce qui existait déjà, et défendit à ses

[1] *Hist. des Seig.*
[2] On sait en quoi consistaient les signatures à cette époque, où presque personne n'apprenait à écrire : c'était tout simplement une †.

vassaux toute assemblée et toute nomination de syndics, sans son autorisation préalable.

Irrités du refus, les Clermontais se promirent de braver l'autorité du Baron, et de lui montrer qu'ils savaient prendre de force ce qu'on leur déniait si obstinément. L'assemblée demandée se tint bientôt après, et elle fut nombreuse. Des syndics y furent nommés ; ils se mirent en fonctions sans l'avis ni l'agrément de Bérenger, et celui-ci fut forcé de dissimuler et de laisser faire.[1]

C'était, du reste, un moment critique pour tout ce qui avait quelque autorité dans le royaume. Le roi était captif à Damiette. Malgré la sagesse de la reine-régente, tous les ressorts du gouvernement se détendaient en l'absence du monarque; l'anarchie était partout. Les *Pastoureaux* troublaient le nord de la France par leurs prédications fanatiques et leurs excès inouis; les villes du midi se révoltaient contre leurs seigneurs, les seigneurs contre leurs suzerains. Clermont allait payer son tribut au désordre de l'époque : la nomination des syndics faite contrairement à la volonté du Baron n'en était que le prélude.

Ce conflit amena bientôt, en effet, des choses déplorables. Bérenger se brouilla avec ses vassaux, et rechercha toutes les occasions de leur nuire

[1] *Hist. des Seig.*

ou de les inquiéter. Il lutta, en 1253, avec le prieur de St-Etienne-de-Gorjan au sujet d'un misérable droit temporel, et avec tant de chaleur, que l'évêque de Lodève ayant pris le parti de ce dernier, il ne craignit pas de se révolter contre le prélat lui-même, de se saisir de sa personne, et de le retenir prisonnier. L'excommunication et l'interdit du pape arrivèrent bientôt en punition de ce scandale, et ce fut une cause de désolation et de trouble ajoutée à tant d'autres, qui existaient déjà.[1]

[1] *Plantav.*

CHAPITRE XXII.

Fondation de l'ermitage de St-Jean de Liausson.

1254.

Détournons nos regards du sombre tableau que l'histoire nous présente des années 1252 et 1253, pour les arrêter sur quelque chose de plus consolant, ménagé par la providence pour l'année suivante 1254, en expiation des scandales dont le pays venait d'être affligé : je veux parler d'un bel exemple de vertu donné par un gentilhomme de la Baronie, nommé Ponce, qui, cette année, renouvela à Liausson ce que les annales ecclésiastiques nous ont transmis de plus admirable de la vie des anciens anachorètes d'Egypte.[1]

Dégoûté du monde, Ponce résolut de le quitter, et d'aller dans la solitude vaquer à la pénitence

1 *Plantav.*

et à la contemplation. On vit ce seigneur délicat, accoutumé à la vie molle des châteaux et aux douceurs de la société, foulant aux pieds tous les avantages humains que donnent la naissance, la richesse et un rang honorable, se retirer pauvre et seul sur la montagne de Liausson, et fixer sa demeure dans la grotte qui existe encore dans les flancs du rocher du côté du levant. Certes, il fallait à Ponce un grand courage et un amour profond de la solitude, pour qu'il se condamnât à habiter ces lieux déserts et cette grotte humide, sans autre société que celle de Dieu, sans autre abri que le creux du rocher ou le feuillage des chênes, qui alors, plus qu'aujourd'hui, ombrageaient la colline.

Le nouvel anachorète se plut dans ce séjour de retraite et de privations. Dégagé de toutes les sollicitudes de la terre, il aima à chercher Dieu et à le contempler, tantôt sur la cîme élevée de la montagne, d'où son regard pouvait plus à l'aise embrasser le ciel; tantôt dans l'obscurité silencieuse de sa grotte, où rien ne venait le distraire de sa rêverie et troubler sa méditation. Là aussi, réduit à une pauvreté volontaire, il pratiqua une mortification de tous les instants : silence continuel, nourriture grossière et à peine suffisante à son entretien, sommeil rare et pénible, intempérie des saisons, tout se trouva réuni pour faire de lui un martyr de la pénitence, une victime d'expiation, digne d'être admirée des anges et des hommes.

Et l'admiration des hommes ne tarda pas, en effet, à être acquise au saint et noble ermite, bien qu'il fît tout ce qui était en lui pour se tenir caché et se faire oublier. On parla bientôt de Ponce dans toute la contrée; on redit dans tout le pays son courageux dévouement, sa piété profonde, sa mortification exemplaire : plusieurs voulurent le voir dans sa retraite, quelques-uns désirèrent s'associer à sa manière de vivre, et sollicitèrent la faveur de devenir ses disciples.

Ce furent les commencements d'une communauté religieuse, qui eut bientôt son monastère, sa chapelle, sa règle, comme elle avait déjà son supérieur et son chef. Le monastère fut bâti au haut de la montagne; l'amour de la pauvreté et de la simplicité présida à sa construction. On vit se grouper autour du modeste oratoire qui existait déjà à la cîme de la montagne, quelques bâtiments plus modestes encore : ce fut là l'ermitage de Ponce et de ses disciples. L'évêque de Lodève, Guillaume de Cazouls, ne leur assigna d'autre règle que celle des Hospitaliers de Nébian, sous la juridiction desquels il plaça même plus tard la famille nouvelle, Ponce n'ayant pas voulu conserver la supériorité, qu'il trouvait incompatible avec son amour pour la vie cachée et solitaire.[1]

L'ermitage de Ponce fut long-temps un asile de retraite et de prière, où des hommes pieux allèrent, dégoûtés du monde, se vouer à la méditation des choses divines. Lorsque, dans la suite, la ferveur dégénérée eut cessé de peupler cette maison, ou que les troubles de nos discordes civiles en eurent dispersé les habitants, quelque pauvre ermite vint encore, de temps à autre, se loger dans les constructions demeurées debout, et la chapelle ne fut plus qu'un lieu de station pour les processions des Liaussonnais, quand leur piété les conduisit sur ces hauteurs, pour invoquer de là le Dieu bienfaisant qui arrose les sillons du laboureur et fertilise les campagnes.

On voit encore, sur la montagne à laquelle le village de Liausson est adossé, des vestiges considérables de la fondation de Ponce. On appelle ces ruines *l'ermitage de St.-Jean*, soit parce que les Religieux qui l'habitèrent étaient, comme les Hospitaliers de St.-Jean-de-Jérusalem, sous l'invocation et le patronage du saint de ce nom; soit aussi, ce qui paraîtrait plus probable, parce qu'avant d'appartenir aux Hospitaliers, l'oratoire aurait été dédié à St. Jean l'évangéliste. Cette

[1] *Plantav.*

CHAPITRE XXIII.

Suite de l'affaire des franchises — Recouvrement du consulat.

1254 — 1275.

Cependant St. Louis revenait de la captivité ; sa présence dans le royaume allait rétablir l'ordre, et réprimer l'insubordination des villes révoltées contre leurs seigneurs. Notre Baron Bérenger s'empressa de recourir à son autorité pour avoir justice de l'administration illégale établie à Clermont au mépris de l'arrêt de 1242, et de la convention arbitrale de 1250. Ses vœux furent exaucés : Guillaume de Cohardon, sénéchal de Carcassonne, eut ordre de casser les syndics, et de tenir la main à l'exécution de l'arrêt primitif qui privait la Ville de toutes ses franchises. Ce nouvel acte est de l'année 1268. Clermont n'eut donc pas de consuls à l'assemblée générale des États, qui se tint l'année suivante dans la sénéchaussée. Quoique mentionnés, uniquement sans doute pour la forme, dans la lettre de convocation, on ne les trouve pas nommés dans le procès-verbal de la séance : on n'y lit que le nom du Seigneur, *Bérenger de Guilhem.* [1]

Les Clermontais, bon gré mal gré, se soumirent; mais ils ne renoncèrent pas à l'espoir de reconquérir ce qu'ils avaient perdu. Cette fois ils procédèrent autrement que par la violence, et prenant la voie plus lente, mais moins périlleuse, des négociations et des requêtes, ils commencèrent par adresser une supplique au viguier de Beziers, pour être autorisés à avoir une administration, devenue indispensable au bien de la Ville. La requête n'eut pas tout de suite son effet; mais elle prépara les voies à un arrangement. L'an 1270, il se tint à Beziers une assemblée, à laquelle assistèrent, avec plusieurs seigneurs et évêques, le sénéchal de Carcassonne, un conseiller du roi, le Baron de Clermont et six notables de la Ville délégués par les habitants. L'affaire des franchises y fut discutée longuement, et ne put être terminée au gré des Clermontais. Néanmoins il fut décidé : « que lorsqu'il se présente- » rait quelque affaire d'intérêt public, cinq ou six

[1] *Hist. du Lang.*

» habitants iraient supplier le Baron de convoquer
» une assemblée pour l'élection de trois syndics pro-
» visoires, et que le Baron *serait tenu* de faire
» immédiatement droit à leur requête. »[1]

C'était ce qu'on avait obtenu vingt ans auparavant par l'arbitrage de l'évêque de Beziers et du seigneur de Faugères, à la différence près qu'il y avait aujourd'hui obligation pour Bérenger d'accorder ce qui précédemment avait été laissé à son bon vouloir. Ainsi les Clermontais n'étaient guère plus avancés après vingt-huit ans d'efforts et de négociations ; d'autant plus que l'obligation imposée à Bérenger par le dernier arrangement n'était pas si sacrée pour lui qu'il n'y eût à craindre de le voir s'en affranchir. En effet, l'année suivante 1271, quand il fut question, pour la première fois, d'obtenir l'autorisation de s'assembler et de nommer les syndics extraordinaires, les Clermontais trouvèrent Bérenger tout aussi mal disposé qu'avant l'arrêté du comité de Beziers : il allégua des prétextes, traîna l'affaire en longueur, et finit par donner une réponse négative. Il fallut avoir recours à une médiation que les circonstances ménagèrent fort à-propos, celle du roi d'Aragon, Jacques I.er, qui était venu, sur ces entrefaites, rendre visite à Bérenger. Le voisinage de Montpellier, dont ce roi était seigneur, valut à notre Baron et à notre Ville, l'honneur de posséder ce personnage. Les Clermontais n'employèrent pas en vain le crédit du roi aragonnais auprès de Bérenger; et ils durent bientôt à son influence que celui-ci agréât les trois syndics : Raymond Bonniol, Durand Laurens et Bertrand Eblon.[1]

Cette première victoire sur l'inflexible Seigneur, fut le signal et le prélude d'une victoire plus complète que les Clermontais ne devaient pas tarder de remporter. Il se montra depuis ce moment plus traitable, et on ne désespéra pas de l'amener bientôt à restituer à la Ville ses anciennes franchises. Effectivement, trois ans après, sur une nouvelle requête de ses vassaux, il accorda enfin ses lettres de grâce, en ces termes :

» Très-haut et très-puissant Seigneur, Bérenger
» de Guilhem, Seigneur de Clermont en Languedoc,
» voulant traiter favorablement ses vassaux, leur
» donne la faculté d'élire tous les ans douze con-
» seillers, lesquels procèderont à la création de
» trois *recteurs*, qui auront même puissance que
» les anciens consuls; leur accorde mêmes franchises
» et libertés que ci-devant ils ont possédées : une
» maison consulaire, un sceau, et un coffre commun
» pour enfermer les documents de la Ville. »[2]

Ainsi finit, pour le moment, ce démêlé, qui n'avait pas duré moins de trente-deux ans.

1 *Hist. des Seig.* — 2 idem.

CHAPITRE XXIV.

Organisation spirituelle de la ville en une seule paroisse. -- Agrandissement de l'église paroissiale de St-Paul.

1275 — 1284.

La conclusion de l'affaire des franchises ouvrait à Clermont une ère de paix, pendant laquelle tout était possible pour consolider et accroître la prospérité de la Ville. Sa division en trois paroisses différentes fut un des premiers vices qui appela l'attention des nouveaux magistrats, jaloux de procurer à la Ville une organisation mieux adaptée à la disposition topographique des quartiers des faubourgs.[1]

Presque tous les paroissiens de Rougas et de Gorjan, s'étaient insensiblement retirés de la campagne, et la crainte des dangers que l'on courait

[1] *Hist. des Seig.*

lorsqu'on n'était pas sous la protection du donjon seigneurial, les avait fait rapprocher des murs de la de la Ville, où ils avaient compté trouver un abri plus sûr contre les chances d'une aggression ennemie. Ainsi les églises paroissiales de St-Etienne-de Rougas et de St-Etienne-de-Gorjan avaient été comme délaissées par leurs paroissiens, qui se groupaient autour de l'église de St-Paul, et ceux-ci néanmoins devaient forcément encore, par l'effet de la circonscription existante, aller demander toujours les secours spirituels à ces chef-lieux isolés de leur paroisse respective. C'était un inconvénient qu'il convenait de faire disparaître, pour ne pas laisser ces paroissiens dans la fâcheuse alternative ou de négliger leur église, ou de ne lui demeurer attachés, qu'au prix de sacrifices continuels. La réunion des deux paroisses rurales à celle de St-Paul était une nécessité commandée par les circonstances.

Mais les dimensions assez bornées de l'église destinée à servir le projet de fusion, ne devaient-elles pas être un obstacle à son accomplissement? L'église de St-Paul n'avait, en effet, pour toute longueur que la largeur de l'édifice actuel : on y entrait par le côté du clocher, et le maître-autel se trouvait vers la petite porte méridionale.[1] Une nef unique, tout

[1] *Hist. des Seig.*

au plus quelques chapelles sur les côtés, 300 mètres carrés environ d'enceinte totale : c'était tout ce que pouvait offrir l'église de St-Paul à la triple paroisse réunie. Était-ce suffisant pour une population qui dépassait 4000 âmes, et par un temps où l'esprit religieux poussait les populations entières vers les lieux consacrés au culte? On ne se dissimula pas la nécessité d'élever une église, double et triple de celle qui existait, et nos ancêtres ne reculèrent pas devant la grandeur de l'entreprise. Le Seigneur, réconcilié avec ses vassaux, les encouragea dans leur pieux dessein, et les assura de son concours efficace. L'évêque de Lodève approuva, tout ensemble, et le projet de fusion des trois paroisses et l'entreprise qui en était le glorieux résultat. [1] Le plan qui fut adopté devait donner, sur l'emplacement de l'ancienne église, une basilique spacieuse à trois nefs, digne de rivaliser par son architecture avec ce qu'on voyait de plus remarquable en ce genre dans toute la province. On a dit, je ne sais sur quel fondement, que l'entreprise en fut donnée à des Anglais : peut-être a-t-on pris les architectes et maçons étrangers qui se chargèrent des travaux, pour des individus de cette nation anglaise, qu'on

---

1 *Hist. des Seig.*

Vue de l'Église paroissiale de Clermont.

sait avoir, à cette époque, couvert une partie du sol de notre royaume.

Quoi qu'il en soit, et les ingénieurs qui dirigèrent les ouvrages, et les maçons qui les exécutèrent, ne durent pas manquer d'habileté et de talent. Il fallait à celui qui médita de lancer si haut la voûte de la grande nef à l'aide de quelques minces piliers, étonnants par la hardiesse de leur coupe, il fallait, dis-je, à cet architecte une connaissance assez profonde des secrètes ressources de son art. Et l'expérience a démontré qu'il avait été plus habile que téméraire; car si, postérieurement, ou a vu les piliers fléchir, et menacer de s'écrouler sous un faix qu'ils avaient porté sans peine l'espace de quatre ou cinq cents ans, il ne faut en accuser que l'imprudence de ceux qui, au seizième siècle, leur imposèrent une surcharge de plusieurs milliers, en exhaussant les murs qu'ils supportent, et en construisant sur la voûte de lourdes murailles de refend en guise de charpente, pour soutenir une toiture. Les ouvriers qui découpèrent les lancettes de la grande nef et surtout la magnifique rose de la façade ouest, ont aussi laissé des preuves d'une habileté peu commune dans ce travail délicat et difficile.

Il est à croire que, pour la construction de la nouvelle église, on profita de quelque partie, ou des matériaux de l'ancienne; toutefois il serait difficile de déterminer sûrement ce qui fut conservé. Le seul vestige certain qui soit demeuré du bâtiment primitif, est le bas-relief mutilé qu'on voit sur la petite porte méridionale, et qui paraît représenter un *Christ-aux-Apôtres*.

Avec l'activité que mirent d'abord les Clermontais à pousser l'édification de leur église paroissiale, il était impossible qu'elle ne s'achevât dans peu de temps. Croira-t-on cependant qu'il fallut près d'un demi-siècle, pour que l'édifice pût être mis à la disposition de la triple paroisse? Un si long retard s'explique par la difficulté des circonstances qu'allait rendre si graves le renouvellement des troubles des franchises, cause interminable de nos perturbations civiles au moyen âge.

CHAPITRE XXV.

Clermont est une seconde fois privé de ses franchises. — Elles lui sont rendues huit ans après.

1284 — 1294.

Un système qui laisse à toute une ville le choix de ses magistrats, est dangereux, s'il s'applique à une population au sein de laquelle s'agitent un trop grand nombre d'esprits plus jaloux de dominer que de faire prospérer la chose publique. C'est ce qui arriva lors de la concession faite par Bérenger du rectorat électif, en remplacement de l'ancien droit de consulat exercé par les Clermontais sous ses prédécesseurs.[1]

Le rétablissement de cette charge, qu'une absence de plus de quarante ans avait rendue si chère à la Ville, fut une véritable torche d'incendie jetée

[1] *Hist. des Seig.*

au milieu d'une population folle de sa conquête. Tout aspira à l'honneur d'être salué du nom de recteur, tout prétendit à la gloire de donner des lois à ses concitoyens, dût-on ne jouir qu'une année de cette fortune éphémère. De là des intrigues, des cabales, qui se renouvelèrent à chaque élection, et qui occasionnèrent plusieurs fois des collisions sanglantes. Clermont devenait périodiquement un foyer de désordre, une arène tumultueuse où les ambitions se disputaient chaudement la victoire; et c'était à peine si dans l'année qui s'écoulait jusqu'au nouveau combat, l'irritation avait le temps de se calmer, pour laisser à la Ville quelques jours de repos.

Puis, pour comble de désordre, comme la raison et la sagesse ne présidaient jamais à ces élections orageuses, ce n'étaient pas les plus dignes qui obtenaient les charges; elles devenaient la proie des plus intrigants, des plus avides, des plus hardis: et ceux-là ordinairement ne sont pas les plus capables. La commune se trouvait donc chaque année administrée par trois démagogues, qui, à l'aide de leur autorité, commettaient impunément des vexations, des concussions, des partialités inouies, pour se donner le plaisir de contenter leur cupidité ou d'assouvir leurs vengeances personnelles.[1]

1 *Hist. des Seig.*

Il n'en fallait pas tant pour faire repentir le Baron de son indulgence, et pour lui faire révoquer une grâce qu'il n'avait accordée qu'à contre-cœur et au préjudice de l'autorité supérieure. C'était en effet par arrêt du sénéchal que Clermont avait été dépouillé de ses franchises, et cet arrêt, rendu en 1242, avait été confirmé en 1268. La même autorité qui avait cassé les consuls aurait dû être invoquée pour l'établissement des recteurs, qui n'étaient que les anciens consuls sous un autre nom. Cette formalité fut négligée; aussi le Seigneur et la Ville portèrent-ils la peine de leur négligence. Bérenger, tout en révoquant les priviléges accordés à ses vassaux, ne put éviter une amende de 400 livres, qui lui fut imposée par les commissaires du roi; et ses vassaux, en perdant les droits de rectorat, eurent encore à supporter une plus grosse amende; elle fut de de 3000 livres.[1]

La mort, qui surprit Bérenger V sur ces entrefaites, le dispensa de payer l'amende contre laquelle il avait réclamé, par appel interjeté auprès de Philippe III alors régnant. Mais son fils, qui lui succéda sous le nom de Bérenger VI, eut à l'acquitter rigoureusement; car une ordonnance arrivée de Paris l'année même de son élévation, 1285, vint lui apprendre que remise n'était pas faite d'un

1 *Hist. des Seig.*

denier sur les sommes imposées à son père et à ses vassaux de Clermont, par l'arrêt des commissaires.

Les amendes furent payées, on se soumit en murmurant à la nouvelle interdiction, et il fallut remettre à des temps meilleurs la malheureuse lutte des franchises. Quelques années se passèrent ainsi, pendant lesquelles les travaux de l'église paroissiale s'avançaient fort lentement. Certes, les dernières amendes, et le mécontentement presque général causé par la suppression des droits de commune, n'étaient pas un encouragement pour une œuvre qui avait été conçue par l'enthousiasme, était née de la prospérité publique, et ne pouvait se soutenir qu'à l'aide de cette double puissance. Néanmoins on ne l'abandonna pas : on appliqua à cet important objet toutes les sommes qui purent être recueillies après l'acquit de la dette fiscale, et c'en fut assez du moins pour empêcher le dépérissement des constructions commencées.

Mais des jours plus sereins devaient bientôt luire. A l'insu du Seigneur, qui n'avait pas été payé pour les seconder, les Clermontais tentèrent des sollicitations à la cour, surprirent à Philippe-le-Bel, l'an 1294, un arrêt de grâce, portant faculté d'élire des consuls, et de reprendre les anciens droits de commune.[1]

[1] *Hist. des Seig.*

CHAPITRE XXVI.

Troisième suppression des franchises.-- Inauguration de l'église paroissiale.

1294 — 1313.

On n'eut pas plutôt connaissance, à Clermont, de l'arrêt obtenu de Philippe-le-Bel, qu'on se mit en devoir d'en profiter, bien que le Seigneur ne dût point s'y montrer favorable.

Une assemblée générale fut convoquée pour procéder à l'élection des consuls, et cette fois les choix se firent avec calme et sagesse. Les noms qui sortirent de l'urne électorale furent des noms honorables et dignes de la confiance publique ; c'étaient : Bernard Bremont, Guillaume Asset et Raymond Saturnin. On donna à l'installation des nouveaux magistrats la plus grande solennité : une messe fut célébrée en grande pompe, les élus s'y rendirent en costume de consuls, suivis de toute la population ivre de joie et transportée d'enthousiasme. A l'issue de la cérémonie, ils montèrent au château, et ayant été reçus par le Seigneur, ils lui prêtèrent serment de fidélité, s'obligeant à ne rien faire contre son autorité et à lui donner assistance en cas de besoin.[1] Cette formalité, obligée ou volontaire, de la part des consuls, ne contribua pas peu à rétablir la bonne harmonie entre Bérenger et ses vassaux de Clermont ; elle venait d'être si compromise par les dernières négociations, qui s'étaient faites et terminées sans le concours et comme malgré la volonté du Seigneur.[1]

Tout alla bien pendant quelque temps ; mais le siècle qui était sur le point de finir, ne put s'achever sans qu'on vît se renouveler les scènes de désordre qui avaient amené précédemment l'interdiction des franchises communales. De nouveau on vit surgir des ambitieux qui intriguèrent, captèrent les suffrages, violentèrent les élections, pour se pousser au consulat, et des abus d'autorité révoltants signalèrent leur coupable triomphe. Un certain Pierre de Graves, surtout, se distingua par ses excès. Parvenu au pouvoir par la brigue et par la violence, il se rendit la terreur de la Ville : son administration fut une série d'injustices et de vexations ; il gouverna en maître et

---

[1] *Hist. des Seig.*

en despote, et ne donna aucune borne à son autorité tyrannique. Quoique élu pour une année seulement, il sut si bien en imposer aux électeurs par son audace, que ceux-ci furent forcés de lui confirmer à plusieurs reprises la charge consulaire.

La puissance du dictateur Clermontais se fortifiait tous les jours; et les choses en étaient venues au point que personne, pas même le Seigneur, n'osait se flatter de renverser le petit colosse. Il fallut recourir à l'autorité royale. Bérenger se rendit à la cour avec son fils le vicomte de Nebozon, qui fut plus tard Bérenger VII; ils plaidèrent tous les deux devant Philippe-le-Bel, qui régnait encore, la cause de la justice et du bon ordre si gravement compromise dans la Baronie, et ils obtinrent enfin, l'an 1306, un arrêt de ce prince portant suppression des franchises, cause de tant d'abus et de tant d'excès.[1]

C'était la troisième fois que notre Ville se faisait retirer ses droits de commune; il y avait là de quoi faire perdre espoir de les recouvrer jamais d'une manière stable et définitive. Ce temps devait cependant arriver; mais il fallait presque un demi-siècle encore, pour perfectionner l'éducation politique des Clermontais, et pour élaborer le système communal destiné à les régir.

---

[1] *Hist. des Seig.*

En attendant on s'occupa de l'église paroissiale, dont les travaux, entrepris depuis plus de trente ans, traversés, il est vrai, par bien des obstacles nés de la difficulté des circonstances, n'étaient pas encore arrivés à leur terme. On pressa l'œuvre, on y fit mettre plus d'activité, et enfin, au commencement de l'an 1313, l'édifice, sans être entièrement achevé, se trouva du moins en état de servir à la célébration des saints mystères.[1] Pressés d'en jouir, les Clermontais, ceux-là surtout qui étaient paroissiens des deux églises rurales, voulurent qu'on en fit au plutôt l'inauguration, et que la réunion des trois paroisses fut ainsi consommée.

Il aurait été plus que convenable de procurer à un si bel édifice l'honneur de la consécration épiscopale; mais une maladie de l'évêque de Lodève, Bernard IV, et l'impatience des Clermontais, qui ne leur permit pas d'attendre son rétablissement, privèrent notre église paroissiale de ce glorieux avantage. Elle n'eut que l'honneur bien moindre de la bénédiction simple d'un délégué de l'évêque. Le prélat envoya en même-temps, pour la bénédiction du cimetiére, une autorisation dont on conservait encore au 17.e siècle, dans les archives de la paroisse, l'original latin. Elle est relatée dans

---

[1] *Hist. des Seig.*

la *Chronologie des évêques de Lodève*, en ces termes :

« Bernard, par la miséricorde de Dieu, évêque
»et seigneur de Lodève, comte de Montbrun, à
»cher et digne prieur de notre église de Clermont,
»salut en Notre-Seigneur. Par les présentes, et
»comme faveur spéciale, nous vous accordons la
»faculté de faire bénir le cimetière de ladite église
»par tout prélat que ce puisse être, pourvu qu'il
»soit catholique et en communion avec le saint-
»siége, en observant le cérémonial usité en pareille
»circonstance; de plus, nous vous donnons pouvoir
»d'accorder en notre nom quarante jours d'indul-
»gence, chaque fois qu'il sera prononcé un sermon
»dans ladite église, par un prédicateur approuvé
»de nous ou de nos vicaires généraux, à toutes
»les personnes qui y assisteront, pourvu que
»véritablement contrites elles aient confessé leurs
»péchés. »

« Donné à Lodève, dans notre palais de
» Montbrun, sous notre sceau, le 4 mars de l'an
» 1313 de l'Incarnation de Notre-Seigneur. »

Les deux églises rurales de St-Etienne-de-Gorjan
et de St-Etienne-de-Rougas, cessèrent dès lors
d'avoir le titre de paroisse; l'église de St-Paul hérita
de leurs droits et de leurs paroissiens.

CHAPITRE XXVII.

Hommage solennel exigé par l'évêque de Lodève du Seigneur de Clermont.

1313 — 1316.

La dynastie des Guilhems comptait déjà quatre cent trente ans d'existence ; c'était plus qu'il n'en fallait assurément pour enorgueillir nos Barons, et pour leur rendre onéreuse la domination Lodévoise, qui semblait reprendre date et commencer à chaque succession d'évêque. Aussi ne faut-il pas s'étonner des difficultés que rencontrait, de la part du Seigneur de Clermont, chaque prestation d'hommage, exigée par le nouvel élu qui venait succéder au double titre d'évêque et de seigneur du diocèse. Parfois celui-ci adoucissait la rigueur de cette formalité en faveur d'un vassal aussi illustre que l'était le Baron de notre Ville, et se contentait d'un simple serment de fidélité prêté sans appareil; mais, le plus souvent, par une politique qui ne manquait pas de sagesse, il le soumettait à toutes les conditions humiliantes du cérémonial usité pour les prestations d'hommage de vassal à seigneur. C'est ce qui eut lieu en 1316, année de l'avènement de Guillaume de Mandagot à l'évêché et à la seigneurie de de Lodève.[1]

Notre Baron Bérenger VI, bien qu'il eût déjà, avec plus ou moins de cérémonies, prêté hommage à dix évêques différents, qu'il avait vus se succéder sous son règne, ne fut pas dispensé par celui-ci des rigueurs d'un hommage solennel. Il en subit toutes les formalités le 6 décembre. Voici les détails de cette pénible journée, extraits d'un procès-verbal conservé par la *Chronologie* de M. de la Pauze; ils sont trop curieux pour être passés sous silence.

Le noble vassal eut ordre de sortir de Clermont, avec tous ses gens, aux approches de l'évêque, et d'aller à sa rencontre pour lui offrir les clés de la Ville et du château. L'évêque ayant reçu les clés, entra avec sa suite et fit fermer les portes sur Bérenger et les siens, qui se tinrent humblement hors de l'enceinte des remparts. Alors les

[1] *Plantav.*

porte-enseignes pontificaux arborèrent l'étendard de l'évêque sur divers points des murailles et sur divers édifices élevés de la Ville, répétant à chaque fois l'acclamation solennelle : *Clermont ! Clermont ! pour le seigneur évêque de Lodève et pour St. Genez !*

Après cette cérémonie, l'évêque sortit de la Ville, et, ayant rendu les clés au Baron, déclara le remettre en possession de la place. Celui-ci ayant fléchi le genou, reconnut publiquement, dans cette humble posture, l'autorité de son suzerain.

Il lui reconnut les droits régaliens sur le diocèse, en conséquence de la concession qui en avait été faite à ses prédécesseurs par les rois de France, lesquels droits autorisaient l'évêque à battre monnaie, à disposer du péage des routes, et à exiger de ses vassaux l'hommage féodal. Ensuite il déclara tenir en fief, pour l'évêque et ses successeurs, la Baronie de Clermont avec toutes ses dépendances, nommément Liausson, Mourèze, Brignac, Canet, Nébian et Fouscaïs.

Puis, ayant mis ses mains dans celles de l'évêque, il lui prêta serment de fidélité. Par ce serment il s'engagea : 1° à lui livrer toutes les places, en cas de guerre, dans les dix jours de la signification qui lui en serait faite; à céder même le château, et à se retirer, quand l'évêque le ferait occuper, dans les maisons situées hors de l'enceinte supérieure des remparts[1]; 2.º à lui prêter main-forte contre ses vassaux rebelles; 3.º à marcher avec ses gentilhommes et sa troupe, sous la bannière dudit évêque pour la défense de ses droits; 4.º à décliner toute autre juridiction que la sienne.

L'évêque releva alors Bérenger et fit dresser procès-verbal de la cérémonie qui venait d'avoir lieu. Après quoi, il repartit pour Lodève, et le Seigneur de Clermont rentra dans la paisible jouissance de son château et de ses domaines.[2]

[1] Ces maisons, *hors de l'enceinte supérieure des remparts*, font connaître que Clermont avait alors quelque étendue du côté du château.

[2] *Plantavit.*

CHAPITRE XXVIII.

Suite de l'affaire des franchises. -- Fondation du couvent des Dominicains.

1316 — 1324.

Tandis que les maîtres du pays ne songeaient qu'à recevoir ou à rendre des hommages, les Clermontais s'occupaient de liberté et de religion.

Dix ans s'étaient déjà écoulés depuis la troisième suppression des franchises communales, et, pendant cet intervalle, leur absence n'avait fait que les rendre plus chères, par les inconvénients graves qui résultaient d'un tel état de choses. La rude taxe que Clermont eut à subir en 1315, ne fut pas le moindre de ces inconvénients. Plusieurs villes furent assez heureuses que d'obtenir une exemption ou une remise; la nôtre au contraire fut rançonnée sans aucune grâce. C'est que dans l'état d'interdiction où elle se trouvait, personne n'avait autorité pour se porter défenseur des intérêts de la commune et réclamer contre la rigueur des collecteurs. Ceux-ci purent ainsi taxer Clermont comme ils l'entendirent, et la Ville, quoique épuisée déjà par les frais de construction de son église paroissiale, eut à acquitter dans toute sa rigueur l'impôt des commissaires.[1]

Nouvelles tentatives, nouvelles négociations pour le recouvrement de ces droits de commune, dont la nécessité se faisait sentir chaque jour davantage. Autorisés par le roi Louis X à se pourvoir contre les arrêts de ses prédécesseurs, les Clermontais présentèrent requête au sénéchal de Carcassonne, qui fit un moment droit à leur demande, et les autorisa à se donner des consuls. Mais le Seigneur Bérenger ayant fait opposition, l'autorisation du sénéchal n'eut pas de suite. Celui-ci revint, au contraire, sur ce qu'il avait accordé, et confirma formellement pendant deux fois, en 1316 et 1317, les arrêts invoqués par le Seigneur contre l'émancipation politique de ses vassaux. Le parlement de Paris donna les mêmes conclusions sur cette affaire en 1322 et 1324, et long-temps encore Clermont demeura privé de ses franchises.[2]

Nos ancêtres réussissaient beaucoup mieux, lorsqu'au lieu de poursuivre des libertés dont ils ne savaient pas user quand elles leur étaient

[1] *Hist. des Seig.* — [2] *Id.*

accordées, ils entreprenaient quelque établissement religieux, fut-ce la construction d'une église ou la fondation d'un couvent. Celui des Dominicains date, en effet, de cette époque.

Les Religieux de cet ordre, fondé par Saint Dominique, étaient connus depuis quelques années avantageusement par leurs prédications contre l'hérésie albigeoise, toujours flagrante dans la province. Ils avaient pris naissance à Toulouse, s'étaient accrus avec rapidité, et déjà toutes les villes tant soit peu importantes en possédaient une colonie. Clermont ne devait pas tarder à avoir la sienne. On se mit à l'œuvre pour procurer aux Religieux une maison convenable, et le zèle des Clermontais fut si heureux, qu'en peu de temps ils eurent à offrir aux disciples de Saint Dominique, un vaste local et une dotation suffisante pour un couvent de leur ordre.

Le Seigneur Bérenger se prêta à la bonne œuvre de la manière la plus empressée et la plus généreuse; il mit à la disposition des Dominicains tout le terrain nécessaire pour qu'ils eussent à la fois maison, église, cloître, jardin et enclos assez vastes. On conjecture que les deux évêques de Lodève, Jacques de Concossius et Vidus, qui se succédèrent, à cette époque, dans l'administration du diocèse, ne demeurèrent pas étrangers à la fondation, et qu'ils y contribuèrent efficacement de tout leur crédit et même de leurs deniers. Il paraît plus certain qu'on doit rapporter la principale gloire de cet établissement, à la piété et à la munificence de la maison de Lozières,[1] dont les armoiries, un chêne vert, se voient encore scuptées à la clé de voûte de l'ancienne sacristie. Le nom de Lozières, au reste, a été constamment regardé à Clermont comme un nom cher à l'Eglise et destiné aux bonnes œuvres. Nous le verrons figurer plus tard dans la fondation des Bénédictines de Gorjan.

Les constructions du couvent et de l'église des Dominicains commencèrent au mois de mai 1321, sur un plan qui attestait que l'argent ne manquait pas pour l'œuvre projetée. Nous ne pouvons en juger que d'après l'église, seule épargnée dans les ravages des protestants au seizième siècle; mais elle est plus que suffisante pour donner une idée de la générosité des fondateurs. On trouve en elle un de ces édifices à proportions larges, qui le disputent aux plus belles églises de la contrée : sa nef unique très vaste, avec deux rangs de grandes chapelles, peut contenir presque autant de monde que l'église paroissiale. Elle a servi plusieurs fois de paroisse provisoire, lorsque l'église

---

1 *Hist. des Seig.*, — *Plantav.*

de St.-Paul, beaucoup moins solide, s'est trouvée dans le cas de nécessiter des réparations; et alors on a pu en juger.

Les travaux marchèrent beaucoup plus rapidement que ceux de l'église paroissiale, qui se continuaient encore. Les Dominicains s'installèrent bientôt dans leur maison et dans leur église; et de là ils évangélisèrent les populations qui accouraient autour de leur chaire, ou qu'ils allaient rassembler dans différentes églises du voisinage. [1] Ils vérifièrent avec distinction le nom de *Frères-prêcheurs* qu'ils portaient, et leurs succès apostoliques d'abord contre l'hérésie albigeoise, plus tard contre les protestants, ne contribuèrent pas peu au maintien de la foi chez nos ancêtres. Persécutés et bannis de leur couvent, pendant le règne momentané de l'hérésie du seizième siècle à Clermont et dans le midi de la France, ils y reparurent bientôt après, plus considérés et plus florissants, et s'y perpétuèrent jusqu'à la suppression des ordres religieux en 1790. En dernier lieu, ils étaient connus plus communément sous le nom de *Réformés*, à cause d'une réforme qu'ils avaient reçue, avec plusieurs autres maisons du même ordre, du Père Le Quien, en 1650.

Telle est la fondation religieuse qui a donné

[1] *Hist. des Seig.*

à notre ville, pendant plus de quatre cents ans, des apôtres de la foi, des hommes à bonnes œuvres de tout genre, et qui nous a valu le second monument d'architecture que nous pouvons montrer aux étrangers qui visitent notre Ville. On remarque trois écussons armoriés à la voûte de l'édifice : le premier, en entrant, est celui de la ville ; le second paraît être celui de l'évêque de Lodève, et le troisième se fait reconnaître pour être celui du Seigneur par les hermines qu'il porte en tête.

CHAPITRE XXXI.

Révolte et punition d'Antonii. — Profession de foi solennelle des Clermontais.

1324 — 1330.

Les deux monuments religieux dont je parlais tout-à-l'heure, étaient en partie le fruit de la réaction qui venait de s'opérer en faveur de la foi catholique, persécutée jusque-là si violemment par la secte albigeoise. Un tribunal sévère, établi sous le nom d'*Inquisition* par les deux autorités civile et ecclésiastique, achevait de comprimer les restes de ces hérétiques, et à la faveur du calme apporté par cette mesure, les autels se relevaient de leurs ruines, le culte catholique prenait un nouvel éclat; on voyait partout les temples de la vraie foi s'environner de splendeur. Assez long-temps l'hérésie avait exercé son œuvre de désolation : ses excès avaient armé le bras des catholiques, et la fin était venue de ce règne de l'impiété et du brigandage.

Les Albigeois de Clermont, en petit nombre, contenus par la crainte, ne se montraient pas. Ils se contentaient de faire des vœux pour le triomphe de leur secte, jusqu'à ce qu'en 1324, une occasion les fit connaître.[1]

L'élévation du vicomte de Nébozon, qui, sous le nom de Bérenger VII, succéda cette année à son père dans la Baronie, fit entamer des négociations avec le nouveau Seigneur, pour le recouvrement des franchises municipales. Alors on vit surgir un certain nombre d'esprits turbulents, à prétentions extravagantes, qui rendaient impossible tout rapprochement entre le Seigneur et ses vassaux. C'étaient les Albigeois : sous un masque extérieur de catholicisme, ils conservaient toute la méchanceté du parti auquel ils appartenaient secrètement. Leur chef était un certain Martin Antonii, surnommé *Alègre*, homme hardi, remuant, assez osé pour tenir tête au Seigneur et braver son autorité. Il paraît qu'il poussa la hardiesse au-delà des bornes, car Bérenger se vit contraint, pour sauver sa dignité et par mesure de police, de le faire arrêter et emprisonner.

L'arrestation du chef ne fit qu'irriter le parti,

1 *Hist. des Seig.*

et bientôt on vit des meneurs furieux, s'agiter en tout sens pour soulever la population et organiser une émeute. Ils vantaient les qualités d'Antonii : « c'est un citoyen honnête, disaient-ils, qu'il ne » convient pas de laisser languir dans un cachot » comme un criminel. » Puis, ils déclamaient contre la tyrannie du Seigneur, et prêchaient la révolte comme un moyen nécessaire de mettre un frein à son autorité. Ces menées, ces clameurs, eurent peu de succès ; quelques attroupements se formèrent çà et là, des menaces furent proférées contre le Baron ; mais on ne se sentit ni le cœur ni les forces de monter au château, pour tenter la délivrance d'Antonii.

En apprenant ce qui se passait, Bérenger ne comprit que mieux l'importance de sa capture. Il resserra plus étroitement son prisonnier, et résolut d'en faire un exemple, pour anéantir le parti qui le considérait comme son chef, et pour intimider les perturbateurs. L'ayant mis sous bonne escorte, il le fit partir pour Carcassonne, où le sénéchal devait prononcer sur son sort. Celui-ci étant allé aux informations, acquit bientôt la certitude que le prévenu était hérétique, et en conséquence il le dirigea sur Avignon, pour y être déféré au tribunal des inquisiteurs. Antonii, convaincu d'hérésie, fut condamné à la détention perpétuelle, et ses biens furent confisqués.[1] Il n'en fallut pas davantage pour abattre le parti albigeois, qui se cachait au milieu de la population fidèle de notre Ville; la condamnation d'Antonii fut un coup décisif qui éteignit entièrement la secte; de ce moment, il ne se parla plus d'Albigeois à Clermont.

Cependant, et voici ce qui fait voir combien était grande l'irritation produite dans les esprits par le souvenir récent des excès de l'hérésie, dès que le procès d'Antonii Alègre eut révélé l'existence à Clermont d'un reste de cette secte impie que l'on croyait éteinte, l'alarme fut dans la contrée. On se crut à la veille de voir ressusciter le monstre, et la peur grossissant le mal, au lieu d'un Clermontais hérétique, on se figura la Ville entière infectée d'erreur, prête à renouveler les scènes d'impiété et de dévastation dont on avait vu de si hideux exemples sous le règne du parti albigeois. Bientôt, dans un rayon de plusieurs lieues, Clermont est désigné comme un foyer d'hérétiques. A cette rumeur, tout s'agite, tout s'arme, comme lorsqu'un ennemi formidable est aux portes; il ne manque que le signal du départ pour marcher sur la Ville hérétique, et y aller écraser la secte renaissante. L'exaspération était au comble dans

1. *Plantavit.*

la contrée, et sans la publique protestation que les Clermontais se hâtèrent d'opposer aux injustes soupçons semés contre leur foi, il serait arrivé des malheurs.

Une assemblée générale fut convoquée à la hâte dans l'église de St.-Paul; il fallait constater l'orthodoxie de la Ville, par une profession de foi solennelle. Personne ne manqua à la réunion: hommes, femmes, enfans, tout courut à l'église, les maisons furent désertes. Un seul et même sentiment se manifesta au sein de cette assemblée: zèle de la vraie foi, haine de l'hérésie. Et ce sentiment était trop énergique pour qu'il se fît jour par des déclarations calmes et paisibles; il n'y eut que les élans répétés de l'acclamation la plus bruyante qui pussent rendre ce qui se passait au fond des cœurs. *Nous sommes catholiques*, s'écria-t-on d'une voix commune et à plusieurs reprises: *nous sommes catholiques, nous le serons toujours! Anathème à quiconque attenterait à la foi de nos pères!*

Ce ne fut pas assez de cette profession de foi si solennelle, il fut résolu que des députés seraient envoyés à l'évêque de Lodève, Jean de Texenderia, alors à Avignon à la cour du Pape, pour prêter entre ses mains, au nom de la Ville, serment de fidélité à la religion catholique, et que le même serment serait prêté individuellement par chaque habitant de Clermont entre les mains de Bérenger. De plus, pour perpétuer la mémoire de l'acte de foi public qui venait d'être célébré, il fut décidé qu'au centre de la grande rose de la façade ouest de l'église paroissiale, à laquelle on travaillait en ce moment, on figurerait un calice surmonté de l'hostie, symbole de la foi catholique.[1] Nous l'y distinguons encore, malgré l'absence des verres de couleur qui achevaient de le dessiner.

Dès-lors, les préventions conçues contre l'orthodoxie de notre Ville s'évanouirent, et justice fut rendue à la religion des Clermontais. Toute trace d'hérésie avait disparu; et lorsque l'année suivante, le nouvel évêque de Lodève, Bernard Guidon, vint demander à cette partie de ses diocésains le serment de catholicisme, il eut la consolation de ne trouver aucun récalcitrant.[2]

Rendons grâces à nos ancêtres de leur attachement à la foi. Depuis que cette foi précieuse avait été apportée à Clermont, c'était la seconde épreuve à laquelle elle était soumise, et dont elle triomphait glorieusement. L'arianisme des Goths l'avait contrariée sans la détruire, l'hérésie des Albigeois l'éprouva sans la pervertir.

1 *Hist. des Seig.*
2 *Plantavit.*

CHAPITRE XXX.

Conclusion de l'affaire des franchises. Charte communale.

1330 — 1347.

Les temps étaient devenus plus tranquilles. Purgé d'hérétiques, Clermont avait recouvré une paix parfaite, et, à la faveur de cette paix, il allait bientôt s'entendre avec son Seigneur pour les libertés communales.[1]

Les négociations se renouèrent l'an 1339, et prirent une tournure favorable. Les parties, après quelques pourparlers, tombèrent d'accord, et aussitôt on se mit en mesure d'obtenir la révocation des arrêts qui avaient interdit à Clermont l'exercice de ses droits de commune. Bérenger se joignit à ses vassaux pour solliciter du sénéchal de Carcassonne l'autorisation de tenir une

[1] *Hist. des Seig.*

assemblée préliminaire qui créerait des syndics, lesquels feraient, au nom de la Ville, toutes les démarches nécessaires auprès du Roi. L'assemblée fut nombreuse; elle fut présidée par le bailli du Seigneur, Pons de Brignac, et les Clermontais s'y trouvèrent au nombre de sept à huit cents. On y nomma trois syndics : Paul Bremond, Raymond Bresson et Dardé Maffre; ces trois syndics furent chargés d'aller offrir au roi la somme de quatre mille livres pour *l'octroi du consulat*.

Philippe VI, alors régnant, accepta l'offre, et il ne manqua plus qu'à lever la somme au prix de laquelle étaient mises les libertés communales. Elle n'était pas levée encore, lorsque le 14 avril 1341, le sénéchal de Carcassonne arriva à Clermont avec le juge-mage pour donner connaissace des lettres patentes du roi, portant *octroi des droits de commune* moyennant la somme offerte par les syndics. Cinq années s'écoulèrent avant que cette dernière condition pût être remplie, et il fallut même qu'un commissaire du roi vînt employer les voies de rigueur pour faire compléter les quatre mille livres.

Enfin, l'an 1347, Clermont fut mis en possession définitive de ses libertés communales; une

Transaction[1] dans les formes fut passée à cet effet entre les habitants et le Seigneur, et les droits de chacun y furent réglés. On trouve un double de cette transaction, dans les archives de la Ville, avec les noms de sept cent dix pères de famille qui la jurèrent. Plus tard elle fut imprimée, et chacun put en avoir un exemplaire. Il en existe un à la bibliothèque royale ; d'autres sont entre les mains de quelques personnes de la Ville. C'est un in-quarto de 170 pages, d'où j'ai extrait la *Charte* suivante, avec quelques détails qui complètent la Statistique de notre Ville au quatorzième siècle, et que je donnerai au chapitre prochain.

CHARTE COMMUNALE DE 1347.

Droits du Seigneur.

Art. 1.er La connaissance des crimes et des délits appartient au Seigneur, qui les fait juger par son bailli ou son lieutenant. *Art.* 1.er

Art. 2. Le Seigneur pourvoit à l'administration de la commune par la nomination d'un ou de plusieurs régents, toutes les fois que l'élection des consuls ne peut se faire à la majorité des électeurs. *Ibid.*

Art. 3. Le Seigneur exige serment de fidélité de tous les

[1] *Transaction de* 1347.

magistrats et employés de la commune. *Art. 2 et alibi passim.*

Art. 4. Les porches, passages, avancements des maisons, appartenant au Seigneur, demeurent sa propriété, sans qu'il puisse en acquérir d'autres. *Art.* 21, 22.

Art. 5. Le Seigneur peut faire construire des boutiques autour de la place et des maisons sur la halle, lesquelles boutiques et maisons demeureront sa propriété. *Art.* 19, 20.

Art. 6. Le Seigneur a droit de chasse exclusif dans le pré dit *Val-lausete* et sur le coteau dit *d'Engaillac* ; les autres parties du territoire sont communes pour la chasse aux Clermontais et au Seigneur. *Art.* 24. *et fol.* 48.

Art. 7. Le Seigneur se réserve un four pour le service exclusif de sa maison ; les autres sont à la disposition de la commune moyennant une rente annuelle de 160 livres tournois. *Art* 23.

Art. 8. Le droit des poids et mesures appartient au Seigneur, sauf le mesurage du vin, qui est laissé à la commune. *Art* 26. 30.

Art. 9. La personne et les biens du Seigneur sont exempts de tous droits et actions de la part de la commune, sauf la réparation des dommages commis. *Art.* 15, 27.

Droits de la Commune.

Art. 10. L'administration est confiée à trois consuls, qui sont élus tous les ans, dans les quinze jours, après la fête de la Toussaint. *Art.* 1.er

Art. 11. L'élection des consuls se fait par douze électeurs ou prud'hommes désignés par les consuls sortants. *Ibid.*

Art. 12. Le Seigneur est tenu d'agréer les consuls ainsi élus, et de recevoir leur serment, à moins de raison légitime. Le viguier de Beziers, ou le sénéchal de Carcassonne, sont juges du motif d'opposition. *Ibid.*

Art. 13. Les consuls nomment eux-mêmes leur Conseil, qui se compose de douze citoyens pour les cas ordinaires, et de vingt pour les cas extraordinaires. *Art.* 4. et fol. 47.

Art. 14. La nomination des *Charitadiers*[1], des *Marguilliers des Bassiniers*[2], des *Carreiriers*[3], des *Baudiers*[4], des *Visiteurs*[5], des *Estimateurs*[6], des *Collecteurs*[7], des *Sergents de ville*[8], appartient aux consuls. *Art.* 5, 9, 10, 13, 14, 15, 17.

Art. 15. Les consuls ont le droit de s'assembler avec leur conseil, toutes les fois qu'ils le jugent à propos; l'assemblée est publique toutes les fois que les consuls sortants rendent leurs comptes à la fin de l'année; chacun peut assister à cette reddition de comptes et faire ses observations et réclamations. Les gens du Seigneur en sont exclus. *Art.* 6 et 12.

Art. 16. Pour la tenue des assemblées la ville a une maison consulaire, avec cour et jardin, mais sans tour ni rempart. *Art.* 6.

Art. 17. La ville est autorisée à avoir un coffre pour les papiers de la commune, un sceau et un drapeau avec cet écusson: fond d'argent, ayant en tête deux fleurs de lys d'or, sur une bande d'azur; en pointe un tourteau plein ou mont couleur de feu; au milieu une bande aussi couleur de feu, et entre les deux bandes d'azur et de feu, deux mouchetures d'hermine noires. *Art.* 7. *et fol.* 48.

---

1 Les *charitadiers* étaient chargés de recevoir et d'administrer les biens provenants des aumônes.

2 Les *marguilliers* et les *bassiniers* étaient la même charge. Elle consistait dans le droit de tenir le bassin dans les églises de la ville, les jours de dimanche et de fête, et d'administrer les biens de ces églises. Il y avait dans l'église paroissiale 7 bassins : le bassin *du drap des pauvres*, le bassin *du St Esprit*, le bassin *de la torche du salve regina*, le bassin *du luminaire de Notre-Dame*, le bassin *de St. Paul*, le bassin *des âmes du purgatoire*, et le bassin *de la sépulture des pauvres*.

3 Les *carreiriers* avaient l'entretien des rues et des chemins.

4 Les *baudiers* étaient les gardes-champêtres.

5 Les *visiteurs* surveillaient la fabrication des draps, la qualité du pain, de la viande et du poisson qui se vendaient dans la ville.

6 Les *estimateurs* étaient juges des dommages commis.

7 Les *collecteurs* levaient les tailles.

8 Les *sergents de ville* étaient les hommes de peine de la commune.

Art. 18. Les consuls ont le droit d'imposer aux habitants telles redevances et tailles qu'ils jugent nécessaires, et les habitants, en cas de refus, peuvent être contraints par le Seigneur. *Art.* 8.

Art. 19. L'administration des hospices appartient aux consuls. *Art.* 18.

Art. 20. La ville a la jouissance des fours existants et la propriété des bois du territoire. *Art.* 23, 24. *et fol.* 48.

Art. 21. Les droits établis pour le mesurage du vin sont au profit de la commune. *Art.* 30.

CHAPITRE XXXI.

Clermont au quatorzième siècle.

1347 — 1350.

Par ce que nous venons de voir, nous avons une idée de la population de notre Ville au quatorzième siècle, et du régime administratif sous lequel elle était placée. Il fallait que le nombre des habitants se montât presque à celui d'aujourd'hui, puisque plus de sept cents pères de famille figurent dans l'acte d'accord passé avec le Seigneur, et qu'il est dit d'ailleurs que ce n'était point là la totalité, mais seulement la majeure partie et plus de la moitié des hommes de la commune : *major pars et amplius quam duæ partes hominum universitatis*. L'*Histoire des Seigneurs* porte même qu'un dénombrement fait en 1380 fit monter le nombre des feux à 1650, ce qui donnerait une population de 8000 âmes ; et néanmoins Lodève ne comptait en 1314, selon l'*Histoire du Languedoc*, que 1007 feux, environ 5000 âmes, et Pézénas la moitié moins.

Malgré les variations qu'a dû nécessairement subir la population clermontaise, dans l'espace de cinq cents ans, on retrouve encore aujourd'hui près de cinquante des noms signés à la transaction de 1347 : les plus marquants ne sont pas ceux qui ont survécu, car il n'en reste pas un seul des vingt qui annoncent, dans cet acte, les familles nobles de la Ville.

L'agriculture et la fabrication des draps étaient les deux industries principales de ce temps-là. La première était loin encore d'avoir acquis l'extension et l'importance qu'elle a aujourd'hui, par suite des défrichements successifs des bois et des garigues qui couvraient alors une grande partie du territoire. On en comptait huit considérables aux environs de la Ville ; le bois de Caylus, la Bruguière, las Motgeyros, Agassa, Agassou, Mounier, Val-lauzete et Engaillac[1]. Aujourd'hui tout est défriché et converti en champs et vignes d'un rapport beaucoup plus avantageux pour ceux qui les exploitent. Quant à la fabrication des draps, elle était faite avec un soin tout particulier, et l'on

1 *Transact.*

tenait moins à fabriquer beaucoup qu'à fabriquer bien. Les *visiteurs* avaient la charge spéciale d'examiner la qualité des marchandises qui sortaient des ateliers, et de sévir contre les fabricants qu'ils trouvaient en défaut. Les draps de mauvais aloi étaient saisis et divisés en quatre parts, dont une était brûlée publiquement, et les trois autres distribuées aux pauvres.[1] C'était le moyen de mettre en réputation la draperie clermontaise ; aussi fut-elle recherchée de plus en plus, et ce commerce prit bientôt chez nous une importance qu'on ne vit pas de long-temps ailleurs.

L'exploitation des mines de plâtre que renferme le territoire commençait à prendre un certain développement. On voit par la *Transaction,* qu'elle consommait déjà *beaucoup de bois et avec excès.* C'est ce qui la fit restreindre aux étroites limites des besoins de la Baronie ; car un article exprès de la charte communale prohiba l'exportation du plâtre hors du territoire.

Clermont avait alors deux hospices : l'un pour les pauvres infirmes, l'autre pour les malades ; le premier situé entre l'église paroissiale et l'aire dite *de l'hôpital*, dans les bâtimens qui servent aujourd'hui de tribunal et de caserne ; le second, sur les avenues de la Ville, du côté de Pézénas, tout près de

[1] *Transact.*

Ste.-Anne.[1] Ce dernier se nommait *léproserie*, parce que le plus grand nombre des malades qu'on y recevait étaient des lépreux. Les deux hospices n'étaient pas riches, si l'on en juge par l'inventaire du premier, qui ne mentionne que quatre ou cinq lits, deux setiers de farine, quelque peu de blé et de légumes. Par la *Transaction*, l'administration de ces établissements fut donnée aux consuls, qui reçurent les clés des mains du délégué du Seigneur, et, en signe de prise de possession, apposèrent sur la porte de chaque hospice les armes de la Ville.[2]

Le même acte fait mention de la chapelle champêtre de Notre-Dame du Peyrou, laquelle devait plus tard devenir si florissante. Il nomme aussi les deux chapelles de Notre-Dame et du St.-Esprit, qui étaient déjà érigées dans l'église paroissiale et qui y subsistent encore.[3] Enfin, il parle d'une confrérie qui existait alors; peut-être était-ce la seule : elle était en l'honneur du St. Sacrement.

Depuis peu de temps, la Ville avait cessé d'être habitée par des juifs. Ceux-ci, très-nombreux auparavant dans le diocèse, avaient été bannis en 1320 de tout le Lodévois. On croit qu'ils habitaient

---

1 *Arch. de l'hôpital.* — 2 *Transact.*

3 Les autres chapelles sont moins anciennes. Elles ont été ouvertes plus tard et à différentes époques, dans les murs latéraux du nord et du midi.

chez nous le quartier de Rougas, et qu'ils y avaient leur synagogue dans cette maison qui se fait remarquer encore par sa façade en belle pierre de taille, percée de grandes portes en ogive. M. Mazel, archéologue distingué, qui a fait des recherches sur la contrée, pense avec assez de fondement que le cimetière des juifs clermontais doit être cherché dans les environs de Lacoste, dans le quartier appelé encore *Pioch Jesiaou*. Il y a vu plusieurs cercueils en pierre de taille, les uns entièrement hors de terre et les autres à demi enfouis. Encore en ce moment, on remarque, au-dessous de cet emplacement, dans les petits jardins qui bordent la rive droite de la Lergue, plusieurs auges qui sont évidemment des cercueils provenant de l'ancien cimetière des juifs.

CHAPITRE XXXII.

Fondation du couvent des Bénédictines de Gorjan.

1359 — 1360.

Clermont était donc parvenu à un état florissant : nous venons de le voir riche d'une population de 6 à 8000 âmes, comptant plusieurs familles nobles, ayant sa charte, ses franchises, sa police, son administration, ses églises, ses hôpitaux, ses établissements religieux ; il lui manquait une communauté de femmes. Peu de villes, en ces temps de foi, étaient privées de cet avantage ; la nôtre allait en être redevable à cette famille de Lozières qui, trente ans auparavant, avait fondé le couvent des Dominicains.

Anglesy de Lozières, auteur de la nouvelle fondation, fit choix de l'ordre des Bénédictines, depuis long-temps honorablement connu en France au même titre que celui des Bénédictins, dont il n'était qu'une branche. Les Religieuses de cet ordre vivaient en commun sous la loi de clôture, partageant leur temps entre la prière, le travail des mains, et l'éducation des personnes du sexe. Pour l'exécution du projet, Anglesy se concerta avec Bertrand Manso, évêque de Lodève, et Arnaud de Guilhem, issu d'un cadet de Clermont, abbé du monastère de St.-André près d'Avignon.

Il s'obligea à faire les gros frais de la fondation jusqu'à concurrence d'une somme de six mille florins d'or; l'évêque céda l'église de St.-Etienne-de-Gorjan avec ses dîmes et ses rentes, à la charge néanmoins que l'on continuerait à y entretenir les trois chapelains qui en faisaient le service, et l'abbé d'Avignon devait pourvoir au dépenses moins nécessaires.[1]

Ce fut la nièce de celui-ci, Isabeau de Guilhem de Mourèze, qu'on désigna pour abbesse de la communauté nouvelle : la présentation en fut faite par le fondateur, et l'évêque de Lodève la consacra dans la chapelle de l'abbaye, l'an 1356. C'était l'église de St-Etienne-de-Gorjan, l'une des deux paroisses rurales, supprimées depuis la dernière organisation ; elle avait été cédée pour l'établissement des Bénédictines, qui prirent de là le nom de *Dames-de-Gorjan*. La fondation avait

1 *Archives particulières.*

été approuvée par une bulle du pape Clément VI, datée du mois de février de la même année. Les premières Religieuses furent au nombre de huit ; c'étaient : Beatrix de Sévérac, Alemande de Guilhem de Mourèze, Philippe Jouve, Guillaumette de Lozières, Aymable Maurelle, Astrugue de Vernède, Bérengère Aneboeuf, et Imberte de Conas. [1]

Les Bénédictines vécurent tranquillement dans leur retraite, jusqu'au seizième siècle, si fatal au repos de l'Eglise de France. Neuf abbesses, dont les noms nous ont été conservés, se succédèrent dans le gouvernement de la communauté, pendant cette période; ce furent : Isabeau de Mourèze, déjà nommée; Imberte de Conas, une des huit Religieuses fondatrices; Guillelme I.re, Guillelme 2.e, Brinde ou Bertrande, Egline de Vissec, Felice-Bérengère de Gerly et Vaurie de Roquefeuil. [2]

Marthe del Pech, successeur de cette dernière, vit les jours mauvais qui éclairèrent le triomphe de l'hérésie protestante à Clermont, et par suite, la dispersion de sa communauté et la ruine de son monastère. Il ne fut donné qu'à celle qui lui succéda, Liette-de-Pradines, de relever la maison de St.-Benoît; et encore ce ne put être

[1] *Hist. des Seig.*, — *Plantav.*
[2] *Gallia christiana.*

sur les ruines de l'ancienne. La difficulté des temps ne permettait pas qu'une maison religieuse de femmes, demeurât exposée à la campagne aux insultes et au brigandage des calvinistes, devenus très-puissants à cette époque. Le couvent fut rétabli dans l'intérieur de la Ville, un peu au-dessus de la fontaine[1] ; on voit encore l'église et les bâtiments de cette abbaye.

Depuis ce temps-là, c'est-à-dire en 1580, les Bénédictines occupèrent le nouveau local, et s'y agrandirent peu-à-peu, suivant que leurs ressources, assez médiocres, le leur permirent. Louise de Gras succéda, peu d'années après, à Liette de Pradines, et ce fut sous Françoise de Lozières, qui vint ensuite, que fut reçue la réforme de l'ordre opérée par Dubelly.[2]

C'était le commencement du dix-septième siècle ; quatre ou cinq abbesses tout au plus eurent le temps d'échanger leur titre pendant toute la période séculaire ; ce furent : Gabrielle de Lavergne, Louise de Lavergne, Catherine de Drouillet et la Dame de Nisas.

Anne Polinié était abbesse au commencement du dix-huitième siècle ; elle fut suivie de la Dame de Murviel, qui précéda Madame de Galiffet, nièce du Père jésuite de ce nom, si célèbre dans l'Église

---

1 *Livre archivial des Récollets.* — 2 *Gallia christ.*

par sa piété et surtout par sa dévotion au sacré-cœur de Jésus. Quand cette Dame Galiffet prit possession de son titre en 1758, la maison était en décadence.[1] Les ressources diminuaient chaque jour, et il ne se présentait presque plus de sujets. La dévotion du sacré-cœur, alors dans la ferveur de ses commencements, fut une occasion favorable de ranimer la communauté expirante. Les Bénédictines embrassèrent avec un zèle tout particulier la dévotion nouvelle, prirent, avec l'agrément du roi, le titre de *Bénédictines du sacré-cœur*, et, à la faveur de cette quasi-réforme, elles se relevèrent d'une manière assez brillante, à partir de l'année 1774.

La dernière abbesse se nommait Madame de Castellan. Elle faisait de son couvent un asyle de piété et de ferveur, une source féconde de charité et d'aumônes, et une maison d'éducation pour nos jeunes Clermontaises, lorsque les lois révolutionnaires qui supprimaient les ordres religieux, vinrent l'expulser avec ses filles de son précieux établissement, et fermer son monastère.

[1] *Arch. part.*

CHAPITRE XXXIII.

Révolte des Clermontais.

1360 — 1379.

Après nous être arrêtés à examiner l'état de notre Ville dans le quatorzième siècle, il est temps de reprendre le fil des événements qui ont marqué l'histoire de cette époque.

Tout n'était pas alors fondations pacifiques, travaux paisibles d'amélioration dans le régime administratif, l'histoire a aussi des troubles à enregistrer. L'absence du roi Jean, captif en Angleterre, en était la principale cause. Privé de son chef, le royaume était en proie à l'anarchie et aux malheurs qui en sont la suite nécessaire; on ne voyait partout que misère, brigandage et désolation. La délivrance et le retour du roi, en améliorant quelque peu la situation, ne purent tout de suite rétablir l'ordre et guérir la misère. De l'épuisement des populations, et du voisinage des Anglais, introduits par un traité jusqu'au cœur du royaume, devaient résulter encore des soulèvements, des rixes sanglantes ; Clermont eut sa part du désordre, et voici comment les choses se passèrent[1].

Les Anglais n'étaient pas bien loin de chez nous; ils étaient dans le Rouergue, et y occupaient le château de Carlat. Désirant de s'étendre, ils se ménagèrent des intelligences jusque dans notre Ville, et malheureusement il s'y trouva de mauvais citoyens qui les écoutèrent. Ceux-ci firent un parti en faveur des Anglais et tramèrent un complot pour leur livrer la place. Quoique tout se fît dans l'ombre, il ne fut pas possible de tromper la vigilance du nouveau Seigneur de la Ville, Déodé de Guilhem, qui venait de succéder à son père, l'an 1365. Déodé donna des ordres pour une surveillance active, et menaça d'un châtiment sévère le premier qui laisserait échapper un signe de trahison. Ces mesures portèrent leur fruit; le parti se cacha, les meneurs furent plus prudents, et sans renoncer à leurs projets, ils se résignèrent à attendre des temps plus favorables.

Cependant le Seigneur s'était abouché avec le

1 *Hist. des Seig.*

sénéchal de Carcassonne, et tous les deux s'étaient concertés pour ôter aux factieux jusqu'à l'espérance de mener jamais à fin leurs trames criminelles. Déjà une garnison de troupes royales était en marche, commandée par le sénéchal en personne, Thibaud de Barbazan, et venait occuper la Ville. Par ce moyen le parti anglais allait être tenu en échec, et réduit à l'impuissance. Les meneurs le comprirent ; ils se levèrent aussitôt pour conjurer l'orage, et se mirent à l'œuvre pour empêcher la garnison d'entrer dans nos murs. Déjà elle était aux portes ; le Seigneur et le sénéchal sommaient, chacun de leur côté, les habitants de faire les entrées libres et de recevoir les gens du roi.

La partie saine des habitants, la plus nombreuse, opina pour la soumission, protesta contre la résistance ; mais la faction s'était levée furieuse ; elle gardait les portes : force fut donc aux troupes royales de faire halte devant les murailles.

Or les Anglais n'étaient pas là pour profiter du mouvement opéré en leur faveur, et appuyer cette levée de boucliers ; ils étaient encore à Carlat, ignorant même ce qui passait chez nous, et, au contraire, le sénéchal avait derrière lui, à Pézénas, le lieutenant du roi Arnould d'Audeneham, avec plus de forces qu'il n'en fallait pour soumettre les rebelles. Celui-ci arriva le lendemain avec une troupe nombreuse. Devant les deux corps réunis, la Ville fut bientôt contrainte de capituler : les portes s'ouvrirent, le sénéchal et le lieutenant entrèrent sans coup férir, et la place insurgée fut occupée par les troupes royales.

Maintenant le temps de la justice était arrivé, et Clermont devait s'attendre à payer chèrement aux vainqueurs sa résistance coupable. Il ne faut pas demander si les chefs et les auteurs de la révolte maudissaient leur témérité, et en appréhendaient les conséquences. Sur eux seuls devait tomber la peine, si les juges avaient suivi les règles ordinaires. Mais on avait hâte de faire un exemple, et on ne voulait pas perdre le temps dans les lenteurs d'une procédure. On décida que les Clermontais devaient porter tous la solidarité du crime, et qu'il fallait infliger un châtiment qui atteignît toute la population. Ce châtiment n'était pas difficile à trouver dans un temps où les libertés communales étaient mises à un si haut prix ; il ne fallait qu'anéantir la charte de la Ville. Le sénéchal était assez de cet avis ; néanmoins le Seigneur Déodé, qui connaissait combien le coup serait mortel à ses vassaux, opina fortement pour qu'il leur fût épargné. Il jugea trop cruel de leur ravir dans un instant le fruit et l'œuvre des peines et des travaux de tout un siècle. On conclut seulement à une grosse amende : d'abord on parla de 1300 florins d'or, mais sur les réclamations du Seigneur, la somme fut réduite à 800. Moyennant cette somme, qui fut payée exactement, Clermont recouvra sa grâce, et la sentence d'amnistie fut publiée en sa faveur dans tous les environs. Elle portait que désormais *la Ville et habitants de Clermont, consuls et conseillers étaient mis sous la protection et sauvegarde du roi de France, comme ennemis de l'Anglais et autres mal-affectionnés à l'état.* [1]

Ceci avait lieu en 1363, et l'année suivante, le duc d'Anjou, frère du roi, qui vint prendre le gouvernement de la province, jugea la fidélité des Clermontais assez solidement réhabilitée pour placer entre les mains des consuls la garde des tours et des fortifications de la Ville. Les consuls devaient nommer trois *Intendants* qui auraient ce droit, ainsi que l'inspection des fortifications du château. Le Baron réclama contre ce droit des intendants; mais le duc insista et il fallut se soumettre. Les circonstances, au reste, ne permettaient pas une rupture avec le duc, dont l'appui était plus que jamais nécessaire aux petits souverains du Languedoc, menacés par les Anglais alors vainqueurs dans plusieurs endroits de la province, notamment à Alignan, Pommerols et Cabrières.

[1] *Hist. des Seig.*

La bonne intelligence du Seigneur et de ses vassaux avec le duc d'Anjou ne put être interrompue par les vexations de celui-ci, qui, sous le prétexte de la guerre des Anglais, accabla le pays d'impôts, et lassa la patience de plusieurs villes jusqu'à les faire soulever. On vit Nîmes et Montpellier prendre les armes contre les commissaires chargés de la levée des sommes imposées par le duc. L'*Histoire du Languedoc* met notre Ville au nombre de celles qui se révoltèrent pour la même cause; mais il est constant par l'*Histoire des Seigneurs,* que l'émeute de cette époque eut un autre motif : nous allons le voir dans le chapitre suivant.

CHAPITRE XXXIV.

Troubles pour les élections consulaires.

1379 — 1380.

Les consuls de l'année 1379 abusèrent de leur autorité d'une manière indigne. Aussi, aux approches des élections qui devaient avoir lieu en novembre 1380, des mesures furent-elles prises pour les culbuter, et pour faire passer leur charge en d'autres mains mieux dévouées à la chose publique. Ces mesures ne pouvaient manquer de réussir, et les consuls prévaricateurs devaient s'attendre à tomber devant les concurrents désignés par la confiance générale.

Cependant, Pierre de Royre et Jean Cayrel, c'étaient les noms des deux membres les plus hardis du triumvirat consulaire, ne désespèrent pas de tourner à leur profit les élections qui se préparent. Pour y réussir, ils emploiront, s'il le faut, la calomnie; ils feront même un appel à la force, s'ils la jugent nécessaire pour assurer leur triomphe.

Déjà ils sont à l'œuvre ; par des manœuvres habiles ils travaillent les esprits, et les indisposent contre les candidats désignés pour leur succéder. Ils vont jusqu'à les accuser d'intelligence avec les Anglais de Carlat : ce sont des traîtres, disent-ils, des hommes vendus, qui livreront la Ville à l'étranger, et qui n'ambitionnent le pouvoir que dans ce but infâme. Et ces imputations calomnieuses ne tardent pas à porter leurs fruits : les hommes honorables contre qui elles étaient dirigées, deviennent peu-à-peu suspects ; la confiance s'éloigne d'eux, les abandonne ; et les consuls ambitieux peuvent bientôt se féliciter d'avoir fait prendre une attitude hostile, et même menaçante, à une partie considérable de la population Clermontaise contre des citoyens qu'elle proclamait dignes naguères de marcher à sa tête.

C'était peu pour eux encore. Le dimanche avant la Toussaint, on sortait en foule de l'église paroissiale après les offices du soir ; une épée à la main, la fureur peinte sur le visage, Royre et Cayrel paraissent devant la multitude ; ils ont juré la mort de leurs concurrents : *mouriou*, s'écrient-ils, *mouriou lous traydous que vouliou rémettré Clarmount en las mans des Engleses!*[1] A ce signal on s'agite, on s'irrite, on court aux armes, et bientôt les deux consuls furibonds se voient à la tête d'une populace nombreuse, exaltée, ardente, disposée à servir leurs plus lâches projets. Ils partent, et montant dans la Ville, ils vont assaillir la maison d'un des prétendants. Celui-ci, ignorant le sort qu'on lui préparait, n'avait pu l'éviter par la fuite. Il est surpris chez lui; sa maison est cernée de toute part; sa porte ébranlée cède, la foule s'y précipite, cherche la victime, l'atteint, la perce, la meurtrit, et l'infortuné, étouffé dans son sang, expie le malheur d'avoir donné de l'ombrage par ses vertus à l'ambition des consuls.

On court de là chez le second prétendant, qui subit le même sort. Le troisième, plus heureux, s'échappe par le toit de sa maison, et sauvant sa vie épargne un nouveau crime à la multitude en délire. Celle-ci frustrée de sa proie n'en devient que plus furieuse : conjecturant que la victime se sera réfugiée au château, elle décide qu'elle ira la poursuivre jusque dans les bras du Baron. *Al castel! al castel!*[2] s'écrient mille voix, et incon-

[1] Ils mourront, ils mourront les traîtres qui voulaient livrer la Ville entre les mains des Anglais.
[2] Au château! au château!

tinent tout s'achemine vers le but indiqué. On arrive; une grêle de pierres est lancée contre la porte du château et par-dessus les murailles; on frappe à coups redoublés; des cris affreux se font entendre, et vont porter l'alarme dans l'intérieur de la maison. Le Seigneur effrayé envoie son bailli menacer les assaillants d'une justice sévère, s'ils ne cessent bientôt leurs coups et leurs clameurs.

« Que signifie tout ce tumulte, crie le bailli » à la multitude à travers un créneau, et quel » est le but de tant de fracas? — Il nous faut le » traître, lui est-il répondu. — Mais à qui en » voulez-vous, répliqua le magistrat, car il n'y a ici » que Monseigneur, Madame son épouse, Messieurs » ses fils et leurs domestiques? » Et les mutins, sans vouloir rien entendre, frappent plus fort à la porte, menaçant de la mettre en pièces, si on ne se hâte de la leur ouvrir. Le bailli essaie vainement quelques représentations, dans l'espoir de ramener les esprits. Les consuls étaient au milieu de la foule, l'excitant à demander l'entrée du château, et couvrant de leurs cris la voix du harangueur. Impatients du retard, ils font apporter des leviers, et on commence à ébranler la porte. Elle était solide, bien barricadée, et pouvait résister long-temps aux efforts des assaillants. Toutefois les habitants du château ne crurent pas prudent d'attendre le résultat d'une attaque qui prenait un caractère si sérieux, et par une issue secrète ils s'évadèrent.

Après un travail de quelques heures, désespérant de réussir, les mutins abandonnent enfin leur projet, et se décident à redescendre dans la Ville. Ils vont de quartier en quartier assaillir le domicile de tous ceux qui peuvent encore embarrasser les consuls, et que ceux-ci désignent comme traîtres et partisans de l'Anglais. Heusement aucun n'a attendu l'approche des assassins. Ceux-ci se vengent de leur fuite par le pillage, la dévastation, l'incendie ; plusieurs maisons deviennent la proie des flammes. Quelle nuit que celle qui vit se consommer tant d'horreurs !

Le calme cependant revint après ces tristes scènes, et alors commença, de la part du Baron, quelque chose de plus tragique encore. Rentré dans son château, Déodé de Guilhem fait informer immédiatement contre les auteurs de la sédition, et convoque un conseil de noblesse pour les juger. La sentence fut promptement rendue ; elle fut terrible. Elle portait que dix-huit Clermontais, entre lesquels les deux consuls, meneurs principaux de l'émeute, seraient saisis la nuit suivante dans leur domicile, et pendus chacun devant leur porte. Tout se fit avec tant de célérité, procédure, jugement, exécution, que les coupables n'eurent pas le temps de s'évader, et le matin même du jour où ils auraient songé à le faire, on trouva leurs cadavres suspendus en différents quartiers de la Ville.[1]

Tel fut l'épouvantable dénouement du drame joué par l'ambition de Royre et de Cayrel : drame atroce, où tout avait été hideux, depuis la calomnie qui avait noirci des hommes honorables, jusqu'aux excès qui en avaient été le malheureux résultat.

1 *Hist. des Seig.*

CHAPITRE XXXV.

État de la Ville et du pays à la fin du 14.me siècle et au commencement du 15.me

1380 — 1412.

Le trouble et l'émeute n'étaient pas seulement à Clermont ; une agitation déplorable avait gagné la province presque entière. Ce malaise provenait en grande partie du voisinage des Anglais, et de l'administration tyrannique du duc d'Anjou. Au lieu de porter remède à la situation, les soulèvements qui se répondaient d'un bout de la province à l'autre, ne faisaient que l'aggraver. Outre qu'ils entretenaient dans les esprits une effervescence et une irritation funestes, ils tournaient encore au détriment de leurs auteurs ; car tous ces mouvements finissaient toujours par des exécutions à mort et par de grosses amendes. Ainsi chaque ville qui essayait de se révolter voyait décimer ses habitants et ruiner ses finances; et il n'en fallait pas moins payer les subsides continuels que le duc exigeait sans pitié de toute la province.[1]

Clermont fut une des villes qui se ressentit le plus des malheurs de l'époque. En 1380, la commune était écrasée sous le poids des dettes qu'il lui avait fallu contracter. Elle devait une somme de 800 florins à un juif de Beziers, une autre somme de 400 livres tournois, *forte monnaie*, au seigneur d'Avène; elle avait encore à payer un subside considérable ; et de plus, des réparations urgentes à faire aux remparts allaient nécessiter de nouveaux emprunts. Le duc se laissa à peine toucher par une telle détresse; il fallut les plus vives instances du Seigneur Déodé et du premier consul Berenguier Salvanés pour le faire consentir, en 1380, à la remise d'un sixième sur les sommes qu'il demandait.[2]

Cette remise permit de faire aux remparts les réparations que rendait indispensables la proximité des Anglais, descendus déjà jusqu'à Cabrières, et d'où le duc d'Anjou se préparait à aller les expulser, quand l'ordre de son rappel arriva. Ils y demeurèrent paisiblement sous le comte de Foix, qui eut assez à faire contre le duc de Berry, que Charles VI monté sur le trône envoya lui disputer le gouvernement de la province.

1 *Hist. des Seig.* — 2 *Hist. du Lang.*

La lutte des deux gouverneurs vint ajouter aux malheurs du pays; il y eut nombre de partisans pour l'un comme pour l'autre, et par conséquent guerre civile. Beziers se déclara pour le comte de Foix, et ferma ses portes au gouverneur envoyé par Charles VI. Le plus grand nombre des seigneurs, au contraire, se rangea du côté du duc de Berry, et lui prêta secours pour faire reconnaître son autorité. Celui-ci finit par triompher, mais son triomphe ne fut pas un bonheur pour la province. Le duc administra tyranniquement, fatigua le pays de vexations, et en fut le véritable fléau. Il fallut que le roi vînt sur les lieux consoler ses fidèles et malheureux sujets du Languedoc. Arrivé à Montpellier, il écouta comme un bon père les plaintes qui lui furent portées contre le gouverneur. Il répara quelques-uns des maux de son administration, promit de remédier incessamment aux autres, et dépouilla le duc de son autorité sur la province. Malheureusement cette justice ne fut que momentanée; la faiblesse et la maladie du monarque ne tardèrent pas à replonger le pays dans le même désordre.[1]

Si les affaires civiles étaient en si mauvais état, celles de la religion n'étaient pas plus prospères, à cause du schisme occasionné par l'élection de deux papes. Avignon avait le sien en même temps que

---

1 *Hist. des Seig.*

Rome, l'un et l'autre s'attribuant le gouvernement de l'Église catholique, et jetant ainsi une malheureuse division entre les fidèles, incertains du chef à qui ils devaient obéir. Le troupeau divisé était en outre privé de la présence de ses pasteurs, si nécessaire en ces tristes circonstances. Les évêques de Lodève gardaient peu la résidence, et on les vit retirés, tantôt à la cour du roi Charles, tantôt à la cour du pape d'Avignon, quelques-uns même ne se donnant pas la peine de venir une seule fois visiter le troupeau dont ils étaient pasteurs.[1]

[1] *Plantav.*

CHAPITRE XXXVI.

Confréries et corporations.

1413.

Le commencement du quinzième siècle était un moment fâcheux ; ce n'était que détresse pour les peuples, et scandale pour la religion. Mais alors la foi était vive, et ce qui se passait ne devait servir qu'à la ranimer encore davantage. Ajoutez à cela que le fléau de la peste, devenu pour ainsi dire permanent dans la province, était là comme un continuel avertissement du ciel de recourir à la prière et aux œuvres de la piété, seule ressource dans les grandes calamités publiques. Nos compatriotes comprirent le besoin de se rapprocher des choses de Dieu, et de chercher dans les pratiques religieuses des consolations et des secours que vainement ils auraient demandés ailleurs.

L'occasion se présenta favorable. En 1410, le diocèse obtint un évêque qui paraît avoir eu plus de zèle et plus de sollicitude pour son troupeau que ses prédécesseurs indolents. Il avait établi à Lodève, la seconde année de son pontificat, une confrérie en l'honneur de St. Roch;[1] la gloire de ce saint, mort à Montpellier, le siècle précédent, dans l'obscurité d'un cachot, commençait à briller d'une manière éclatante. Clermont voulut avoir aussi sa confrérie de St. Roch, autant pour exercer sa ferveur, que pour se donner la protection de ce saint, invoqué particulièrement dans les temps de calamité. Nos ancêtres pensèrent, avec raison, que ce vertueux et charitable Languedocien, qui s'était rendu si célèbre pendant sa vie par sa sollicitude envers les malheureux, ne pouvait que continuer du haut du ciel son ministère de charité, en faveur surtout des villes de sa province qui l'adopteraient pour patron. Ils jugèrent d'ailleurs qu'une association religieuse serait un puissant moyen d'entretenir la piété, de la faire fleurir, et de resserrer les liens de la charité chrétienne, dans ces temps de scandales et de divisions.

Jean de Lavergne, évêque d'alors, établit donc, l'an 1413, selon le désir des Clermontais, la confrérie de St. Roch dans l'église paroissiale de St.-Paul,

[1] *Plantav.*

où nous la retrouvons encore, sans que quatre siècles d'existence aient pu altérer le zèle de notre Ville pour cette pieuse institution. Cet évêque donna les statuts de la confrérie, qui existent encore, écrits en patois du temps sur parchemin, et qui furent plus tard traduits en français et approuvés par M. de Fumel.[1]

Il faut placer vers cette même époque l'érection de deux autres confréries d'artisans, qui ont subsisté jusqu'à la révolution, dont une même a survécu à cette grande tempête : la confrérie des marchands, sous l'invocation des apôtres St. Pierre et St. Paul, et celle des tisserands, sous le patronage des martyrs St. Fabien et St. Sébastien.

On voit en effet par le considérant des statuts de ces derniers, réformés en 1633 et approuvés par l'évêque de Lodève, Plantavit de la Pauze,[2] que, *depuis un temps immémorial*, les marchands formaient une confrérie dédiée aux apôtres St. Pierre et St. Paul, jusqu'à ce que, par ordre du pape, ils se réunirent en 1493 à la confrérie, déjà aussi *existante depuis un temps immémorial*, des tisserands de draps, toiles et petites étoffes, dédiée aux martyrs St. Fabien et St. Sébastien. Les réglements primitifs des deux confréries n'ont point été conservés, comme ceux de la confrérie de

[1] *Arch. de la confr. de St. Roch.* — [2] *Arch. des tisserands.*

St. Roch, ce qui empêche d'apprécier à leur juste valeur les termes précités de *temps immémorial*. Ceux même qui furent dressés pour les deux confréries réunies en 1493, ne l'ont pas été davantage; on sait seulement qu'ils furent arrêtés pardevant M.ᵉ Raymond Rat, notaire, et écrits en latin et en français. Nous n'avons que ceux de 1633, lesquels concernent la confrérie des tisserands seulement, l'autre confrérie ayant demandé, à cette époque, de revenir à son état d'indépendance primitive. Ces réglements, rédigés en français et écrits sur parchemin, sont en dix-huit articles.

Régie par ces statuts, que le parlement de Toulouse approuva le 4 juin 1670, la confrérie devint de plus en plus florissante, si bien qu'en 1711, elle put se séparer des tisserands de toiles et de petites étoffes, et former à elle seule un corps de près de cent maîtres tisserands de draps.[1] Les nouveaux réglements qui furent faits alors, et qui s'observaient encore exactement quand la révolution arriva, sont en vingt-un articles, et roulent principalement sur la bonne et loyale confection du travail et sur l'admission des aspirants au titre de maître de métier.

1 *Arch. des tisserands.*

CHAPITRE XXXVII.

Fortifications des faubourgs. — Successions, illustrations, changements dans la famille des Guilhems.

1414 — 1500.

Clermont se peuplait chaque jour davantage, et déjà quatre faubourgs considérables s'étaient formés en dehors des remparts : *Rougas, St.-Paul, la Coutellerie, la Frégère.* Ouverts de tous côtés, ces faubourgs pouvaient être d'un moment à l'autre envahis par les Bourguignons, qui faisaient alors des courses désastreuses dans la province, ou tomber entre les mains des Anglais dont les armes s'étaient plus que jamais rendues redoutables dans le royaume. Le Baron se mit en devoir de donner une défense à cette partie de la population clermontaise, et fit, en 1419, élever, à l'entrée de chacun des faubourgs, un portail fortifié, capable d'arrêter l'ennemi.

Ce fut le dernier acte de gouvernement de

Déodé de Guilhem; son fils Arnaud, qui lui succéda vers 1420, continua les préparatifs de défense pour les faubourgs et pour la Ville elle-même. Outre le motif de la sûreté de ses vassaux, le nouveau Baron avait à envisager celui de sa sûreté personnelle; car Louis de Guilhem, son oncle, venait d'être fait prisonnier par les Anglais à la bataille d'Azincourt, et il pouvait bien n'être pas à l'abri lui-même d'éprouver un sort pareil. Aussi le voit-on faire avec ardeur réparer ses murailles, dresser à l'exercice de l'arc et de l'arbalète tous ses vassaux capables de porter les armes; lui-même se disposer au combat, bien que son tempérament faible et délicat ne secondât pas son courage. De tous les seigneurs qui allèrent aux pieds du Dauphin, à Pézénas, protester de leur dévouement pour sa cause, Arnaud ne se montra pas le moins empressé ni le moins sincère.[1]

Cependant la famille des Guilhems s'illustrait autant par sa bravoure et ses alliances que par sa fidélité. Arnaud avait un frère nommé Tristan, et une sœur nommée Bourguine. Celle-ci se maria avec un Caylus de Castelnau, dans le Quercy, et attira plus tard dans cette même famille une de ses

[1] *Hist. des Seig.*

nièces nommée Antoinette de Guilhem. Quant à Tristan, la guerre de Hongrie, où il alla signaler son courage, lui valut une alliance telle que les princes eux-mêmes pourraient l'ambitionner. Sa valeur et ses beaux faits d'armes contre les Turcs, le mirent en si grande considération à la cour de Hongrie, que la sœur de la reine, Catherine des Ursins, ne crut pas déroger en lui accordant sa main. Le chevalier clermontais reçut, avec l'honneur d'une si noble alliance, plusieurs places considérables, et une somme de 25000 ducats. Il revint à Clermont, en 1423, riche d'honneurs et de biens, avec une famille composée d'un garçon et de cinq filles.[1]

Arnaud vécut tout juste assez de temps pour voir le retour de son frère. Il mourut peu après; et comme il ne laissa pas de postérité, Tristan hérita de son titre de Baron de Clermont et des droits qui y étaient attachés. Il est ainsi désigné, dans l'*Histoire du Languedoc*, parmi les témoins du mariage du comte de Pardiac au château de Roquecourbe, en 1424, et parmi ceux de l'hommage d'Odon de la Rivière au comte de Foix, en 1431. L'année suivante fut la dernière pour Tristan et pour son fils Raymond,

[1] *Hist. des Seig.*

qui descendit dans la tombe presqu'en même temps que son père, sans laisser de postérité.[1] C'était la fin de la dynastie des Guilhems, si elle n'avait trouvé moyen de se reconstituer par la branche féminine. L'alliance contractée déjà avec la famille de Castelnau allait lui venir en aide.

Pons de Castelnau avait épousé une des filles de Tristan, Antoinette de Guilhem, la nièce de Bourguine dont il a été parlé plus haut. Ce mariage amenait tout naturellement les Castelnau à succéder aux Guilhems : un simple changement dans les titres et dans les armoiries faisait l'affaire. Pons mit dans ses armes les *hermines* des Guilhems, prit le nom de Clermont, et notre Ville retrouva en lui et dans sa postérité la continuation de la lignée illustre de ses anciens Barons. Ce fut même avec avantage.

Aux États de 1416, on voit le nouveau Seigneur chargé d'une mission importante auprès de l'Attila du midi de la France, Rodigo de Villaudrant, chef des compagnies si redoutables des *routiers*. Il négocia auprès de lui l'éloignement de sa troupe, comme député des États, et lui offrit en dédommagement une somme de 500 écus d'or. La guerre des Anglais, qui durait toujours, lui procura bientôt une autre

[1] *Hist. du Lang.*

mission plus belle, celle de défendre contre l'étranger sa patrie et son roi. Après la guerre, les États le députèrent pour aller porter au roi Charles VII, les requêtes et les doléances de l'assemblée.[1] C'était, sans doute, déjà pour le Baron une position brillante, et toutefois il n'était encore qu'au début de sa fortune.

Quand Louis XI eut succédé à Charles, Pons de Clermont fut investi par le roi de la lieutenance du Languedoc. Dans les lettres que le monarque lui écrivit, il lui donna les titres de : *cher et féal cousin, sire de Clermont en Lodève, lieutenant de notre très-cher et très-aimé oncle le comte du Maine, gouverneur en Languedoc.* De son côté, Pons prenait les titres de *Seigneur de Clermont, Chevalier, Chambellan du roi, Lieutenant-général de Monseigneur le comte du Maine, gouverneur du Languedoc.* C'est en cette qualité qu'en 1469, lors de la soumission du duc de Nemours, il fut délégué par le roi, pour recevoir le serment de fidélité de tous les gens du duc qui tenaient ses terres dans la province. Pons, s'étant plus tard distingué dans la guerre qui eut lieu dans le Roussillon, fut nommé gouverneur du pays conquis par le même roi

[1] *Hist. du Lang.*

Louis XI, qui voulut encore doter sa fille de 2000 écus d'or et la marier avec Jean d'Arpajon.

Tristan II, fils de Pons, lui succéda, en 1473, et ne laissa point périr entre ses mains l'héritage de gloire que lui léguait son prédécesseur. On le voit assister aux États de 1480 et de 1482 avec le titre de *commissaire du roi*, et vers le même temps, épouser Catherine d'Amboise, sœur du cardinal de ce nom, ministre de Louis XII.

Trois enfants sortirent de ce mariage : Louis, qui fut Baron de Clermont en 1500; Pierre, qui lui succéda quinze ans après, et François, qui ayant embrassé la carrière ecclésiastique, passa par les plus éminentes dignités de l'église. Il fut successivement prévôt de Beaumont, chanoine d'Alby, abbé de Valmagne et de St.-Thibéri, archidiacre de Narbonne, évêque de St.-Pons, de Valence, d'Agde, de Narbonne, archevêque d'Auch, légat du pape, ambassadeur du roi près le saint siège, cardinal et doyen des cardinaux ; il ne lui manqua que la tiare.[1]

1 *Hist. du Lang.*

CHAPITRE XXXVIII.

Visite du Cardinal François à Notre-Dame du Peyrou. — Tenue des États à Clermont. — Successions dans la dynastie des Guilhems.

1500 — 1560.

Ce fut en 1503 que François de Clermont fut décoré de la pourpre romaine, et cette même année il honora notre Ville d'une visite, qu'il fit très-à-propos coïncider avec les fêtes de Pâques. Celle du lundi était, à cette époque, plus solennelle que de nos jours, bien qu'elle soit très-suivie encore ; une procession générale conduisait la population toute entière à Notre-Dame du Peyrou; on y célébrait les offices, et on y faisait une prédication. Cette chapelle, au reste, fondée déjà depuis un siècle, en exécution d'un vœu fait par la Ville pour la délivrance d'une épidémie, était dans un état très-florissant : objet de la dévotion de toute la contrée, elle était riche, ornée, et assez vaste pour avoir douze autels.[1] Le Cardinal voulut aller la visiter, comme toute la population clermontaise, et y rehausser de sa présence l'éclat de la seconde fête pascale.

Il fut témoin, sur sa route, du magnifique spectacle que présentaient les avenues de Notre-Dame, encombrées de caravanes joyeuses, se hâtant d'arriver au lieu de la réunion, ou sillonnées de longues files d'hommes, de femmes, d'enfants, mieux ordonnées et plus recueillies; puis, à mesure qu'il approchait de l'ermitage, les côteaux d'alentour couverts d'une foule immense qui n'avait pu trouver place dans l'enceinte trop étroite de la chapelle, déployaient à ses yeux un tableau dont le charme allait toujours croissant. L'admiration du Cardinal fut au comble, quand parvenu sur les lieux, il put embrasser d'un regard tout l'ensemble de cette scène. C'était non-seulement Clermont, mais la contrée entière transportée au Peyrou; la joie brillait dans tous les yeux, la piété respirait sur tous les visages, des cantiques de louange s'échappaient de toutes les bouches : jamais réunion plus belle et plus édifiante.

Le Cardinal applaudit de toute son âme à l'em-

[1] *Hist. des Seig.*

pressement de la foule pieuse pour la dévotion de Notre-Dame du Peyrou, et voulut la récompenser de ses largesses spirituelles. Outre les indulgences qu'il accorda de vive voix pour le jour de la fête, il signa un bref, relaté dans l'*Histoire des Seigneurs*, par lequel une indulgence de 140 jours était accordée, à perpétuité, à tous ceux qui visiteraient la chapelle, ou feraient quelque donation en sa faveur. L'original du bref n'a pas été conservé; nous n'en avons que le sceau, en cire rouge, représentant un religieux devant un autel de la Ste. Vierge, et portant, avec les armes du Cardinal, *au chef d'hermines*, la légende suivante :
FRANCISCI. CLAROMONTIS. CARDINALIS. T. T. S. ADRIANI. MCCCCCIII.

La gloire de compter un Cardinal parmi les membres de la famille qui gouvernait la Ville, et l'honneur de le posséder à Clermont, étaient dus à la considération que François s'était acquise à la cour du pape : la faveur non moins grande qu'obtint à la cour du roi, Pierre, son frère, successeur du Baron Louis, mort en 1515, fut pour les Clermontais un autre sujet d'orgueil tout aussi légitime. Pierre, en effet, fut honoré par François I.er de la lieutenance du Languedoc, pour le connétable de Bourbon qui en était gouverneur, et nommé plus tard commissaire du roi aux États de la province. Il alla recevoir, en 1525, sur les frontières d'Espagne, la sœur du monarque prisonnier de Charles-Quint, par suite de la défaite de Pavie : on dit même que François Ier, après sa délivrance, passa par Clermont, et logea quelques jours au château. Ce qui est plus certain, c'est que les États de 1527 s'assemblèrent dans notre Ville, grâce à la haute importance que lui avait acquise son Baron par les pouvoirs dont il était dépositaire. L'assemblée se tint, dit l'*Histoire du Languedoc*, dans la salle haute de la maison de l'hôpital : c'est le premier étage du bâtiment contigu au tribunal de commerce, qu'on destine pour le couvent des Religieuses de la Nativité.

Une messe solennelle du St. Esprit fut célébrée avant l'ouverture des États, dans l'église des Dominicains ; puis l'assemblée prit séance présidée par le grand-vicaire du Puy, Christophe d'Alzon, malgré les réclamations de l'abbé de Narbonne, qui prétendait avoir ce droit. On y vota une somme de 59,800 livres pour les besoins du royaume, et on y fit des réglements pour prohiber l'exportation des grains hors de la province.[1]

Pierre de Clermont vivait encore en 1533 ; il

---

1 *Hist. du Lang.*

assista cette année à l'entrée du roi à Toulouse, qui fut si brillante et si solennelle. Il eut deux garçons de Marguerite Latour, fille d'Antoine, vicomte de Turenne; le plus jeune nommé Jacques fut évêque de St. Pons, et l'aîné succéda à son père en 1536, sous le nom de Gui I.er. Ce Gui de Clermont fut en même temps seigneur de Castelnau, de Caumont et de Nébozon, conseiller et chambellan du roi, et plus tard, sénéchal de Carcassonne. Ayant épousé Louise d'Avangour-Bretagne, il en eut un fils, qui lui succéda sous le nom de Gui II, vers 1550. Celui-ci fit un grand et riche mariage; il épousa la dame de Saissac, Aldouce de Bernuy, fille unique du président de Bernuy, héritière de la maison de Foix-Carmaing, et estimée riche de 800,000 livres, fortune colossale pour ce temps-là.[1] Malheureusement la religion de cette dame ne répondit pas à sa fortune et à son rang; aussi son penchant pour le calvinisme qui commençait à se propager, et les facilités qu'elle donna à l'hérésie pour s'introduire dans notre Ville, firent peu tenir compte aux Clermontais fidèles des avantages temporels que leur Seigneur avait gagnés à son alliance.[2]

[1] *Hist. du Lang.*

[2] *Arch. part.*

CHAPITRE XXXIX.

**Prédication de l'hérésie de Calvin à Clermont.--
Désordres qui s'ensuivent.**

1560 — 1577.

Née en Allemagne, l'hérésie de Calvin avait déjà pénétré en France. Des étudiants étrangers l'avaient importée à Toulouse, et de là elle se répandait de proche en proche dans toute la province. Elle prêchait à l'orgueil l'indépendance et le mépris de l'autorité; elle favorisait la licence par l'abolition du frein salutaire de la confession et de la pénitence; elle appelait sous sa bannière tous les ennemis du clergé, tous les turbulents, tous ceux qui avaient des utopies à réaliser ou des passions à satisfaire : avec tant de moyens de séduction, lui était-il difficile d'obtenir des succès?

Elle en obtint d'effrayants dans notre Ville, comme dans plusieurs autres du voisinage. Celui qui vint la prêcher se nommait George Viret, et était de Genève.[1] Il commença ses prédications l'année 1560, et entraîna d'abord un certain nombre de catholiques, qui apostasièrent leur foi pour embrasser la religion prétendue réformée de Calvin. Les rigueurs que le comte de Villars déploya contre les hérétiques dans les Cévennes, où ils avaient allumé la guerre civile, firent suspendre un moment les prédications du ministre genevois; mais l'édit de pacification qui survint peu après permit de les reprendre avec une nouvelle ardeur. La dame du château, en l'absence de Gui son époux, s'y montra favorable; elle embrassa même la religion nouvelle, en appuya la propagation, et en seconda les excès, qui furent épouvantables.

En effet, tous les signes du culte catholique disparurent bientôt : les croix furent brisées, les autels renversés, les temples dépouillés, ruinés ou convertis en forteresses. On força les prêtres et les religieux à s'expatrier ou à se cacher; les fidèles eux-mêmes n'osèrent se montrer, sans dissimuler leurs véritables sentiments. Le couvent des Bénédictines fut détruit presque en entier avec son église; celui des Dominicains fut livré aux flammes; on n'épargna que l'église dont on se

[1] *Arch. des Réc.*

contenta d'abaisser les trois tours. Toutes les chapelles champêtres subirent le même sort, à l'exception de celle de Notre-Dame du Peyrou, qui fut respectée seule entre toutes les autres.[1]

Ce furent les premiers fruits de l'hérésie de Calvin : fruits amers pour nos ancêtres sincèrement attachés à la foi catholique, à son culte, et à ses pasteurs. Gignac fut aussi maltraité que Clermont ; il n'y eut que Lodève qui sut se préserver de ces désordres, en tenant ses portes fermées aux apôtres et aux soldats du calvinisme. L'intrépide Claude Brissonnet, son évêque, tint tête aux bandes formidables accourues du Rouergue et des Cévennes pour soumettre Lodève à l'hérésie, les repoussa du diocèse, et contribua même plus tard à la répression des calvinistes de Clermont et de Gignac.[2]

Il était juste, en effet, que les catholiques, ceux-là surtout qui avaient force et autorité, ne demeurassent point inactifs devant les envahissements et les excès d'une secte qui venait, le blasphème à la bouche, le fer et la flamme à la main, outrager et fouler la religion antique, dévaster ses monuments, menacer et persécuter ses disciples. Pour défendre leurs droits, les catholiques s'ar-

[1] *Arch. des Réc.* — [2] *Plantav.*

mèrent; Joyeuse, lieutenant de la province, se mit à leur tête, et les religionnaires ayant levé drapeau contre drapeau, sous le commandement de Baudiné, une guerre dans les formes devint inévitable. Le succès de la lutte ne pouvait être douteux. Joyeuse avait une armée régulière, des soldats aguerris, tandis que Baudiné n'avait sous ses ordres que des paysans ou des bourgeois exaltés, auxquels l'enthousiasme tenait place de tout. On se battit devant Beaucaire; le théâtre de la guerre s'étendit successivement des bouches du Rhône aux rives de l'Hérault ; partout les armes des catholiques furent victorieuses. Gignac, Clermont, Montagnac, qui étaient au pouvoir des religionnaires, firent leur soumission à Joyeuse, et un combat décisif ayant eu lieu près de Pézénas, le 20 juillet 1562, l'armée calviniste fut expulsée du pays avec une perte de 4 à 500 hommes, et refoulée vers Agde et Beziers où l'hérésie était plus puissante.[1]

L'année d'après, un édit de pacification, en accordant aux calvinistes l'exercice de leur culte dans les faubourgs des villes, rendit aux catholiques la sécurité, avec tous les droits dont l'hérésie les avait un moment dépouillés. On releva les

[1] *Hist. du Lang.*

autels, on restaura les églises; Clermont recouvra ses prêtres, ses religieux, ses solennités; mais sur combien de profanations et de ruines n'eut-il pas à verser de larmes!

Damville, qui fut nommé alors au gouvernement de la province, ne contribua pas peu à calmer l'agitation qu'avait causée l'hérésie; mais les troubles se renouvelèrent encore. Les religionnaires ayant de nouveau, en 1567, levé l'étendard de la révolte, la guerre recommença sur divers points, et se continua long-temps avec d'affreuses représailles de part et d'autre. Peu à peu elle se rapprocha de Clermont, et au mois de juillet 1573, Lodève eut les troupes calvinistes à ses portes. L'évêque, Alphonse de Vercelli, était absent, et le comte Claude de Brissonnet, qui en se démettant de l'évêché de Lodève, en avait conservé la seigneurie temporelle, n'avait pris que des mesures insuffisantes pour défendre la ville. Aussi les religionnaires n'eurent-ils pas de peine à s'en emparer; ils y entrèrent le 4, et y commirent des horreurs. Tout fut saccagé, le palais de l'évêque, les maisons des chanoines, les couvents, les églises; on profana les choses saintes de la manière la plus indigne; les reliques de St. Fulcran furent traînées dans les rues, les vases sacrés servirent aux usages les plus révoltants. On vit les femmes déshonorées, les prêtres et les plus honnêtes citoyens massacrés : ce fut une scène digne des anciens Vandales.[1]

Clermont trembla, mais tint bon encore ; ce ne fut qu'après la trahison de Damville qu'il passa au pouvoir des religionnaires. Le 14 Août 1575, Clermont capitula en faveur de l'hérésie, forcé par l'artillerie de Damville devenu leur patron pour le moment.[2] Mais la défection du maréchal n'ayant pas duré, notre Ville réchappa bientôt aux calvinistes, et les catholiques en reprirent possession en 1577.

[1] *Plantav.*
[2] *Journal de Faurin.*

CHAPITRE XL.

Troubles de la ligue. — Clermont est deux fois assiégé par Montmorency-Damville. — Fin des troubles.

1577 — 1602.

Les troubles suscités par l'hérésie se prolongèrent long-temps, sous différents prétextes, et toujours avec la même violence et les mêmes excès. Outre le motif de religion, ils furent alimentés par la rivalité de Damville et de Joyeuse, et plus encore par la faction des Guises, si connue sous le nom de Ligue.

Joyeuse disputait à Damville le gouvernement de la province, et lui faisait une guerre acharnée. S'étant déclaré pour la ligue, il mit dans son parti tous les catholiques ardents, et d'éclatants succès couronnèrent ses efforts. Christophe de l'Etang, évêque du diocèse, mu par le roi lui-même, Henri

III, se rangea du côté du ligueur, et entraîna Clermont dans le parti de Joyeuse.[1] Il fallait que tout le reste du pays imitât cet exemple ; les Lodévois et les Clermontais se chargèrent d'opérer ce résultat par des excursions armées dans les villages soumis à Montmorency. Nébian fut leur première conquête ; ils y entrèrent le 10 mai 1584 ; Joyeuse y fut proclamé, et la ligue triompha dans nos environs.[2]

Ce triomphe ne tarda pas à nous attirer la guerre. Le duc de Montmorency, c'était le titre que prenait alors Damville, à la nouvelle de l'expédition de nos compatriotes, part de Pézénas, et arrive pour rétablir son autorité méconnue. Nébian capitule sans résistance. Clermont ferme, au contraire, ses portes, et se met en mesure de soutenir un siège. Le duc l'entreprend en effet, et, le 4 juin, il fait commencer les travaux. Mais étant venu sans artillerie, et ayant des murailles à franchir, il reconnaît bientôt que ses travaux seront inutiles. Les assiégés d'ailleurs font une sortie vigoureuse ; Montmorency, battu, est contraint de se retirer de devant la place. Descendu à Beziers, il détacha, deux mois plus tard, une compagnie de ses gens-d'armes sous le commandement du capitaine Albe, pour venir harceler la garnison de notre Ville. Mais le maréchal de Joyeuse

---

1 *Plantavit.* — 2 *Hist. du Lang.*

avait déjà envoyé du secours. St.-Sulpice effectua une sortie, le 3 août, et celle-ci fut aussi heureuse que la première. Les assiégeants poursuivis jusqu'à Ceyras eurent cinquante hommes tués, parmi lesquels un capitaine nommé Astrucci. Il est vrai que l'intrépide commandant acheta cher la victoire; car il eut son cheval tué sous lui, et ses deux cuisses percées d'un coup de pistolet.[1]

Dès que Montmorency fut libre de venir lui-même, il arriva avec quatre pièces d'artillerie et des troupes toutes fraîches. C'était au commencement de novembre. Clermont fut cerné le 5, qui était un lundi, et le lendemain, le duc fit canonner les remparts et l'église. Les Clermontais privés d'artillerie ne pouvaient riposter, et l'infériorité de leurs forces ne leur permettait pas de tenter une sortie. Après avoir tenu quatre jours, et ne se voyant point secourus par Joyeuse, qui était occupé ailleurs, ils se décidèrent à capituler. Montmorency les reçut à composition, leur accorda la vie sauve, l'honneur des femmes, l'exemption du pillage, et à ces conditions Clermont ouvrit ses portes. Le duc y entra, le 11 novembre, avec quatre compagnies. Le château résista encore quatre jours; il se soumit enfin, et le duc, ayant laissé Thémines avec une faible garnison, repartit pour Beziers.

[1] *Hist. du Lang.*

Joyeuse mourut, Henri IV triompha de la ligue, et toutefois la guerre ne fut pas finie dans la province. Le duc de Joyeuse, fils du précédent, se mit à la tête du parti de son père, et, en 1591, il obtint de brillants succès contre Montmorency. Il prit la ville basse de Carcassonne, se répandit vers Beziers et Pézénas, et poussa une reconnaissance jusqu'à Clermont. La Ville se rendit aux ligueurs le 25 décembre 1592. Thémines n'était point assez en force pour leur résister, et puis le Seigneur de Clermont, Gui II, fit beaucoup en faveur de Joyeuse, dont il était l'ami personnel.

Montmorency n'eut pas plutôt appris cette nouvelle, qu'il dépêcha son fils, le comte d'Offemont, pour reconquérir la place. Celui-ci n'osa tenter un assaut, et se contenta d'un blocus que la résolution des assiégés fit prolonger pendant deux ou trois mois. La garnison céda à la fin, sur les instances de quelques chefs de l'armée de la ligue qu'on avait gagnés à prix d'argent, et Clermont reconnut tout ensemble Montmorency et Henri IV, avant la fin d'avril 1593.[1]

Ce fut la fin des agitations qui fatiguaient la Ville depuis près d'un demi-siècle. La politique conciliante du bon roi acheva d'assoupir toutes les divisions, et fonda une paix durable. Nos ancêtres

1 *Hist. du Lang.*

profitèrent des loisirs que cette paix heureuse leur procurait, pour réparer les graves atteintes que la guerre avaient portées à la solidité de l'église paroissiale. Surchargés par l'exhaussement des murs, au moyen duquel on avait disposé comme un étage sur la voûte des trois nefs, pour les besoins d'un siège, deux piliers, entr'autres, avaient plié sous le fardeau et menaçaient ruine; on s'occupa de les reconstruire; l'un et l'autre portent encore la date de leur restauration : 1593 et 1601.

Le dix-septième siècle s'ouvrait sous les plus heureux auspices. Notre Ville entra dans une ère de paix, et cette ère se prolongea assez long-temps, malgré la présence, dans nos murs, d'un grand nombre de dissidents en matière de religion. Depuis qu'en 1598, Clermont avait été donné aux calvinistes comme place de sûreté, ceux-ci s'y étaient réfugiés en grand nombre, si bien qu'en 1602 ils n'y comptaient pas moins de 200 familles.[1] Mais ils vivaient tranquilles au milieu de la population catholique, qui, à son tour, ne les inquiétait nullement pour leurs opinions religieuses. La sagesse du monarque, d'ailleurs, avait pourvu à ce qu'aucun prétexte de collision ne fût donné par la rivalité d'un double culte public : il avait été statué que le culte catholique seul, comme étant celui de

1 *Arch. de la Ville.*

la majorité, jouirait du privilége d'être extérieur, et que les religionnaires ne pourraient se livrer publiquement à aucun exercice de leur culte. Un arrêt du Conseil d'Etat, rendu en 1662, dont j'ai sous les yeux une copie, porte que « depuis l'édit
» de Nantes, la Ville de Clermont était du nombre
» des villes où il n'y avait point d'exercice public
» du culte réformé, et que les enterrements des
» religionnaires ne pouvaient s'y faire qu'à la pointe
» du jour ou à l'entrée de la nuit, sans cérémonie,
« et avec un convoi qui ne dépassât pas dix per-
» sonnes. »

Il fallait laisser au temps et à la force de la vérité le soin d'achever le reste, et d'effacer entièrement, du milieu de notre Ville, toute trace d'hérésie. C'est ce que nos ancêtres comprirent, et il faut les en féliciter.

CHAPITRE XLI.

Prédication des Récollets à Clermont. — Fondation de leur couvent.

1602 — 1613.

Gui II mourut avant la fin du seizième siècle. Il devait avoir pour successeur son fils Alexandre de Castelnau ; mais celui-ci se trouvant mineur, la seigneurie fut régie pendant plusieurs années par la Dame douairière, qui se remaria en 1603, pour épouser Jacques Cte de Montgommeri. Depuis assez de temps, cette Dame, que nous avons vue embrasser et soutenir le calvinisme, était revenue de ses erreurs. Dévouée alors à la religion catholique, elle favorisa de tout son pouvoir le zèle des prédicateurs de la vraie foi, qui vinrent s'employer à la conversion des hérétiques. Sous son patronage, les Dominicains purent exercer librement et avec fruit le ministère de la prédication auquel ils s'étaient consacrés.[1]

En 1604, de nouveaux apôtres arrivèrent pour unir leurs efforts évangéliques à ceux des Dominicains. Deux Récollets de Beziers, recommandables par leur zèle et par leur savoir, nommés, l'un Bazile Garcin, et l'autre Marin Camaret, vinrent à Clermont prêcher la saine doctrine, et réparer par leurs prédications les ravages de l'hérésie. Leurs discours attirèrent d'abord un tel concours d'auditeurs, non seulement de la Ville, mais encore des environs, qu'il ne leur fut possible de prêcher qu'en plate campagne. Ils choisissaient une des hauteurs des environs, y dressaient un autel, et offraient le saint sacrifice au milieu d'un concours immense. On compta une fois plus de trois cents prêtres, et un jour de l'Assomption, Montmorency, qui assistait à la prédication avec ses soldats pour contenir la foule, compta plus de 8000 personnes. Une autre fois, on compta à une de ces réunions cent-vingt paroisses, distinguées chacune par leur croix. La messe finie, un des deux Religieux montait sur une estrade à l'extrémité de l'éminence, et faisait un discours, dont le sujet était toujours quelque point contesté par les hérétiques.

[1] *Arch. des Réc.*

C'était un magnifique spectacle que celui de cette foule affamée de la vérité, se pressant autour des zélés apôtres qui étaient venus la leur prêcher, écoutant attentivement leurs paroles, accourant quelquefois de bien loin pour venir les recueillir, ne se retirant jamais sans avoir fait retentir les échos d'alentour de leur solennelle profession de foi, et de leur abjuration publique des erreurs de Calvin. En effet, les prédications des deux Récollets opéraient les plus grands fruits. Outre qu'elles affermissaient la foi des catholiques, elles dessillaient les yeux aux sectateurs de l'hérésie, et en ramenaient un grand nombre dans le sein de l'Eglise. Des familles entières se présentaient aux Pères, après leurs discours, et faisaient entre leurs mains abjuration de leurs erreurs.

Tant de succès déterminèrent la fondation, dans notre Ville, d'un couvent de ces Religieux. Le dimanche, 11 septembre 1611, une assemblée du conseil de la Ville, tenue à cet effet, autorisa les Pères Récollets à fonder un couvent sur les ruines de l'ancien monastère des Religieuses Bénédictines de Gorjan, cédé pour cet effet par madame l'Abbesse Françoise de Thémines. Car on doit se souvenir que les Bénédictines avaient quitté leur premier local en 1561, et qu'elles s'étaient bâti une autre maison dans l'intérieur de la Ville.

Or, le monastère de Gorjan cédé aux Récollets pour leur établissement était entièrement ruiné. » N'y restait, dit l'acte de donation, que bien peu » de murailles sans y être rien à couvert, sinon » un peu de l'église, qu'encore de tous côtés » elle était ruinée et percée à jour tant à la » voûte que des côtés. »

Il fallut donc songer à bâtir, mais avant de rien entreprendre, on voulut faire la cérémonie, que pour d'autres monuments on appellerait la pose de la première pierre. Ici ce n'était point une première pierre qu'il fallait poser ; mais bien une croix qu'il s'agissait de planter sur l'emplacement choisi pour la pieuse fondation. Cette cérémonie se fit avec beaucoup d'appareil le 23 octobre 1611. La procession partit de la paroisse, composée de la confrérie alors existante des *Pénitents blancs*, de sept Récollets et des prêtres de la Ville. L'évêque de Lodève, Gérard de Robin, son grand-vicaire, le président de la chambre des requêtes du parlement de Toulouse, et le viguier royal de Gignac, tenaient chacun un ruban de la croix, qui était portée par huit Pénitents. D'autres membres de cette confrérie portaient les instruments de la passion, destinés à orner la croix. Un grand concours de peuple suivit cette pompe religieuse. Quand la procession fut arrivée sur les lieux, le gardien de Beziers, Pierre Davin, prononça un discours, à la suite duquel la croix fut plantée au devant de l'ancienne église, dont l'entrée était alors du côté où est aujourd'hui le maître-autel. La cérémonie terminée, les musiciens du chapitre de Lodève, que l'évêque avait fait suivre, entonnèrent le *Te Deum*, « qu'ils poursuivirent, disent les archives, avec une merveilleuse harmonie, jusqu'à la porte de l'église paroissiale, d'où chacun se retira chez soi.[1] »

Les Récollets se bornèrent d'abord aux réparations les plus indispensables. Une quête faite dans la Ville, et qui produisit 400 livres, un don de 50 écus qu'offrit la Dame du château, et une amende de 200 livres que Montmorency adjugea en faveur des Religieux, furent les principaux moyens, à l'aide desquels on fit face aux premières dépenses.

Les Religieux prirent possession de leur couvent l'année 1613. Le premier gardien se nommait François Perrache, et était de Fréjus.[2] Il eut bientôt sous lui une douzaine de religieux, et ce nombre s'est conservé à peu près, jusqu'à l'extinction de la communauté.

1 *Arch. des Récollets.* — 2 Idem.

CHAPITRE XLII.

Nouveaux troubles. — Réponse de l'envoyé du Comte de Clermont aux États. — Première peste.

1613 — 1630.

Montmorency mourut, l'année même de la fondation dont je viens de parler, dans son château de la *Grange-des-prés*; son fils, Henri de Montmorency, qui lui succéda dans le gouvernement de la province, eut beaucoup à faire pour y maintenir la paix, pendant la minorité de Louis XIII. Les calvinistes, en effet, appuyés par le prince de Condé, relevaient la tête; ils constituaient la France en *cercles* et en *colloques*, et dictaient des ordres à chacune de ces juridictions, usurpant ainsi l'autorité souveraine. Le duc de Rohan gouvernait en maître le cercle du Languedoc, tandis que le Conseil de Nîmes décrétait les mesures dont il devait assurer l'exécution. Et c'étaient toujours des mesures de violence. En 1621, un ordre du Conseil prescrivit la persécution des catholiques et la démolition des églises, ce qui ne fut que trop ponctuellement exécuté à Montpellier et à Gignac. Dans cette dernière ville, 400 familles furent obligées de s'expatrier. Clermont fut plus heureux, grâce à la présence du nouveau Montmorency, qui se hâta de réunir sous nos murs une armée pour marcher contre les hérétiques.[1]

Le Seigneur de Clermont, Alexandre de Castelnau, se disposait à le suivre. Il était devenu majeur et avait pris le gouvernement de la Baronie, avec le titre de Comte,[2] qui depuis remplaça celui de Baron. Il dut se trouver au siège de Montpellier, qui eut lieu au mois d'août 1622; cinq ans après, il assistait au combat de Souilles, près de Castelnaudary.

Cependant abandonnés de bonne heure par le prince de Condé, et battus à la Rochelle par le cardinal de Richelieu, les calvinistes s'appaisèrent, et tout annonçait que les dissensions civiles allaient finir entièrement dans la province. Le despotisme de Richelieu ne le permit pas. Ayant voulu porter atteinte à l'indépendance des états, il sema dans le pays des troubles funestes, et provoqua des rési-

1 *Hist. du Lang.*

2 L'*Hist. du Languedoc* qui mentionne ce changement de titre n'en fait connaître ni la cause ni la date précise. Une pièce que j'ai sous les yeux la fait remonter au commencement du 14.e siècle.

stances énergiques. La plus remarquable fut celle du Comte de Clermont, dont l'envoyé osa tenir à Montmorency, aux Etats de Pézénas, ce langage plein de courage et de dignité :

« Monsieur, si nous étions tous criminels de
» lèze-majesté dans l'assemblée, le roi se conten-
» terait de nous faire punir, sans exiger de nous
» de signer l'arrêt de notre condamnation, et vous
» voulez que nous laissions cette mauvaise opinion
» de nous à nos successeurs, de n'avoir pas voulu
» conserver ce que nos pères nous ont laissé de
» plus cher, et d'avoir été nous-mêmes nos juges
» et nos témoins pour nous détruire.[1] »

Les Etats partageant ces sentiments, protestèrent contre la tentative de Richelieu, et un cri général s'éleva contre le ministre, dans la province comme dans l'assemblée. Il quitta le Languedoc où sa présence avait été considérée comme un fléau, et peu après il y fut remplacé par un fléau plus réel, je veux parler de la peste.

Celle-ci faisait de fréquentes apparitions dans le pays, et elles étaient toujours très-meurtrières. En juillet 1629, elle éclata à Montpellier, où elle fit de grands ravages ; Clermont dut s'attendre à n'être pas épargné. En vain prit-on des mesures pour prévenir l'invasion du fléau ; le parti le plus sûr était

[1] *Hist. du Lang.*

de se préparer un abri à la campagne, pour le cas inévitable où il éclaterait dans la Ville. Aussi de nombreuses habitations surgirent-elles tout-à-coup au milieu des champs et sur les côteaux voisins; on en trouve encore aujourd'hui des vestiges considérables, principalement du côté du couchant.

La peste se déclara dans les premiers jours du mois d'août,[1] et aussitôt les émigrations commencèrent. Les familles entières quittaient à la hâte l'enceinte de la Ville, où était venu se loger le fléau destructeur; elles allaient chercher ailleurs un asyle qui pût les mettre hors de ses atteintes mortelles. Les Bénédictines, qui occupaient le point le plus central de la Ville infectée, s'empressèrent de l'abandonner, et allèrent s'établir, pour le temps que durerait la contagion, dans un château des environs de Pézénas. Il ne demeura sur le théâtre fatal, que ceux à qui le défaut de fortune, le devoir ou la charité ne permettaient pas de s'expatrier. Les Récollets furent de ce nombre : ayant offert généreusement leur maison pour loger les pestiférés, ils se dévouèrent avec un zèle admirable au service de cet hôpital improvisé. On cite particulièrement le gardien Honoré Malespine et le frère Pierre Riveiron, comme ayant fait preuve, dans cette circonstance, de la plus cou-

[1] *Arch. des Réc.*

rageuse et de la plus constante charité. Tantôt auprès des malades, et leur administrant des remèdes ou des consolations, tantôt dans les maisons visitées par la mort, pour en enlever les cadavres et les purger de toute odeur pestilentielle, ils se multipliaient, pour ainsi dire, sans aucun relâche, sans aucune crainte de contracter eux-mêmes la maladie qui les environnait. Ils furent plus tard assistés de deux autres Récollets de Beziers, François Pallus et Jean Sigaudy, qui, après avoir exercé leur zèle auprès des pestiférés de cette ville, vinrent continuer à Clermont leur charitable dévouement.

Le fléau dura quatorze mois, avec quelques intervalles cependant de calme ou de bénignité. Ce fut dans un de ces intervalles, que la Ville se voua à St.-Barthélemy, dont elle fit relever l'église champêtre, aux environs des Bories. Les premiers jours de janvier 1630 furent des jours de recrudescence : la population qui commençait à rentrer dans la Ville pour échapper aux rigueurs de la saison, fut tout-à-coup rejetée à la campagne par le caractère effrayant que déploya plus que jamais le fléau un instant assoupi. Le nombre des malades fut prodigieux, les hôpitaux s'encombrèrent, et la mort multiplia chaque jour ses victimes.

Dans ses moments de désolation, il est difficile

que l'ordre puisse se conserver si une administration vigilante et ferme ne supplée au découragement qui fait abandonner aux citoyens le soin de leurs intérêts, et n'intimide ces êtres dégradés et méchants qui se font un barbare plaisir d'exploiter à leur profit les jours sinistres où la société chancelle par l'effet de quelque grande catastrophe. Il paraît qu'une telle administration manqua à notre Ville dans ces graves conjonctures ; car il se commit des actes révoltants de cruauté, de pillage et de meurtre, dont l'horreur vint ajouter un degré de plus à celle du fléau régnant, déjà assez épouvantable.

Enfin, la peste cessa, et chacun put rentrer dans ses foyers; mais le deuil et la misère se rencontrèrent dans la plupart des familles : on compta 450 personnes moissonnées par la mort.[1] Peu à peu les plaies se cicatrisèrent, le bonheur et l'abondance revinrent visiter la Ville désolée, et quelques années après, on ne se souvint plus des malheurs de 1630.

1 *Arch. des Réc.*

CHAPITRE XLIII.

Guerre civile dans la province. — Guerre du Roussillon. — La bienheureuse Germaine — Confréries.

1630 — 1652.

Les mécontentements qu'avait semés dans la province la dernière visite de Richelieu et la rupture qui éclata entre le duc d'Orléans et le ministre, occasionnèrent, en 1631, une levée de boucliers dans e pays et une guerre civile. Lodève donna le signal en se livrant au duc d'Orléans, qui y entra et en prit possession l'an 1632.[1] Montmorency attendit le duc à Gignac, et tous deux allèrent tenter, mais inutilement, le siège de Beaucaire. Revenus dans nos contrées, ils levèrent des troupes à Aniane, à Gignac, à Clermont et à Pézénas : Clermont fit ainsi partie de la ligue contre Richelieu.

1 *Hist. du Lang.*

Les troupes royales arrivèrent bientôt commandées par le maréchal de Schomberg, mais heureusement le théâtre de la lutte fut loin de chez nous. L'affaire décisive eut lieu à Castelnaudary ; le duc d'Orléans y fut complétement battu, Montmorency fut pris, et plus tard décapité.

Clermont ne se réjouit point de l'issue de cette bataille ; il devait craindre qu'ayant pris parti contre le vainqueur, il n'eut à en supporter le courroux. Néanmoins, le roi étant venu à Montpellier amnistia les seigneurs et les villes qui avaient suivi le duc d'Orléans, et se contenta de faire abattre les principales fortifications.

Trois ou quatre ans après, une autre guerre éclata ; mais celle-ci, plus éloignée de notre Ville, ne lui inspira aucune crainte, et devint au contraire une occasion à notre Comte, Alphonse de Castelnau, qui venait de succéder à son père Alexandre, de signaler son courage. Les Espagnols firent irruption dans le Roussillon ; le Comte y marcha avec les troupes du roi, et prit part à une action qui eut lieu contr'eux à Leucate. Il fut chargé, lors de l'attaque, d'appuyer, avec soixante gentilshommes qu'il commandait, le régiment de St.-André, tandis que la milice de Lodève demeurait à la garde du camp. L'*Histoire du Languedoc* atteste qu'il s'acquitta honorablement de sa mission, et qu'ayant forcé tout ce qui s'opposait à lui, il pénétra dans le camp des ennemis. Ce ne fut pas sans danger, car l'affaire fut très-chaude; plusieurs seigneurs de marque y perdirent la vie, et le Comte lui-même y fut blessé.[1]

Le pays fut tranquille après cela jusqu'au commencement du règne de Louis XIV; mais la nomination du duc d'Orléans, en 1644, au gouvernement de la province, et la minorité du grand roi occasionnèrent de nouveaux troubles, dont Clermont ne fut pas exempt. Le duc d'Orléans ne respectait pas assez les droits acquis; il s'immisçait dans les nominations des consuls, prétendait quelquefois les régler, et allait même jusqu'à priver les villes de toute autorité municipale. Peut-être faut-il attribuer à quelque chose de ce genre les troubles qui eurent lieu dans notre Ville, cette année même[2]; troubles, au reste, dont nous ne connaissons pas les détails.

A la suite de tant d'agitations, on aime à rencontrer la vie édifiante d'une femme vertueuse, qui mourut vers cette époque, et dont le nom s'est conservé dans le souvenir des Clermontais: je veux parler de Marie *Mouïne*, autrement appelée *sœur Germaine*. Elle faisait l'admiration de tous ceux qui étaient à portée de la connaître, et il était

1 *Hist. du Lang.* — 2 *Hist. des Seig.*

difficile qu'on ne la connût pas à l'éclat de ses vertus, et aux œuvres de sa charité. Ange de ferveur dans le temple, modèle de pénitence dans l'intérieur de sa famille, providence de charité envers les pauvres, apôtre de zèle à l'égard des pécheurs égarés et des justes chancelants ; Clermont possédait en elle un véritable trésor. On s'adressait à elle de bien loin pour réclamer le secours de ses prières ; la reine Anne d'Autriche voulut y avoir part, et avant de devenir mère de Louis XIV, elle demanda que Germaine fît à Notre-Dame de Gignac une neuvaine de prières pour obtenir la naissance du Dauphin, héritier de la couronne. Clermont ne fut pas assez heureux pour avoir les restes mortels de cet ange de sainteté : Germaine mourut à Beziers, où la maréchale de Schomberg l'avait attirée. Sa mort, qui fut celle des saints, eut lieu le 2 octobre 1638.[1]

Cette vertueuse femme appartenait à une confrérie établie à Clermont par les Récollets : la confrérie du tiers-ordre de St.-François. Les Dominicains en avaient établi une autre de ce genre : le tiers-ordre de St.-Dominique. L'une et l'autre produisaient un grand bien : elles entretenaient la piété dans le sexe, y faisaient pratiquer les vertus chrétiennes, et Clermont rencontrait souvent dans les membres

1 *Arch. des Réc.*

de ces confréries, de magnifiques exemples de charité et de ferveur. Les hommes, de leur côté, trouvaient les mêmes secours dans des confréries également pieuses, entre lesquelles se distinguait celle des Pénitents blancs, établie déjà depuis près d'un demi-siècle.[1]

Les prêtres de l'église paroissiale formaient eux-mêmes une communauté, à laquelle l'évêque de Lodève, Plantavit de la Pauze, essaya, vers ce temps, de donner un caractère régulier, par la nomination au prieuré de St.-Paul, de M. Couderc de Toulouse, membre de la compagnie des *Sulpiciens*. Ce digne ecclésiastique, élevé par le vénérable Olier, fondateur de la compagnie, vint à Clermont en 1647, avec quelques-uns de ses confrères, pour poser les bases d'un établissement qui aurait pu rendre de grands services à la Ville et au diocèse, s'il eût été mieux secondé par le successeur de M. de la Pauze, François de Bousquet. Celui-ci ne se montra pas assez bienveillant envers M. Couderc pour lui permettre de consolider son œuvre. Il le tracassa, l'accusa même d'avoir été l'auteur d'une sédition qui eut lieu contre lui, en 1650, dans notre Ville, et réussit à le faire partir. L'établissement fut rompu, vers 1652, ainsi qu'on le voit par une lettre de M. Olier à l'évêque de Lodève.[2]

1 *Arch. part.* — 2 Idem.

Ce qui dura plus long-temps, ce fut et la communauté primitive qui faisait des prêtres de l'église de St.-Paul comme un corps de chanoines à l'instar des collégiales, et une confraternité ecclésiastique, diocésaine, en l'honneur du St. Esprit, de laquelle ces prêtres étaient membres, et dont leur église fut long-temps le siège. Cette confraternité avait été érigée en 1517, sous l'évêque Guillaume de Brissonnet, pour resserrer entre les prêtres du diocèse, les liens de la charité et procurer le maintien de l'esprit sacerdotal.[1]

1 *Archives particulières.*

CHAPITRE XLIV.

**Seconde peste de Clermont. — Troubles. —
Élections municipales.**

1652 — 1667.

La peste de 1629 n'est pas la plus meurtrière de celles que notre Ville a éprouvées ; celle qui l'affligea en 1652, quoique de moindre durée, fit de bien plus grands ravages.[1]

Elle commença le 25 juillet, ne dura que quatre mois, et emporta, dans ce peu de temps, jusqu'à seize cents personnes. Et cependant, comme dans la première peste, beaucoup d'émigrations eurent lieu, et les secours ne manquèrent pas aux malades.

L'évêque de Lodève, François de Bousquet, donna à notre Ville, dans cette circonstance, d'éclatantes preuves de sa charité vraiment pasto-

[1] *Arch. des Récollets.*

rale. Les Récollets, dont le couvent servit encore cette fois d'hôpital, se dévouèrent généreusement au service des pestiférés. On cite, entr'autres, un Religieux, natif de notre Ville, appelé Simon Benoît, qui s'était déjà signalé dans les pays infidèles par la prédication de la foi. Il arrivait d'Afrique, où il avait évangélisé les barbares de Tunis et d'Alger, quand la peste de Clermont vint offrir à sa charité la gloire du dévouement et la palme du martyre. Il obtint l'une et l'autre; car après avoir servi les pestiférés pendant vingt-trois jours, il fut pris lui-même de la maladie, et en mourut dans quarante-huit heures, le 18 août. Clermont eut aussi à se louer beaucoup d'un autre Religieux Récollet, natif de Marseillan : celui-ci joignait à son dévouement quelque connaissance dans l'art de guérir; c'était un homme précieux dans ces temps où les médecins étaient peu nombreux. Il faillit être victime de son zèle : atteint de la peste, et jeté par la violence du mal dans une frénésie terrible, il n'échappa à la mort que par une espèce de miracle. Enregistrons ici le nom de ce héros de charité : il se nommait Gervais Tieire.[1]

Nous avons un monument encore subsistant de cette peste dans le tableau-maître de l'église paroissiale, qui fut offert en *ex-voto* d'actions de grâces, après la cessation du fléau. On lit au bas de ce tableau l'inscription suivante :

1 *Arc. des Réc.*

VOEV-FAICT-PAR-LA-COMMVNAVTE-DE
CLAIRMONT-EN-ACTION-DE-GRACES-DV
RECOVVREMENT-DE-LA-SANTE-APRES
VNE-GRANDE-PESTE-ESTANS-CONSVLS
Mrs. REY. CAL. P. BOVISSIN. ET-Rmond. -St-
PAVL.EN-L'AN-1653.

Le calme arriva après cette grande tempête. Il aurait duré long-temps si le Seigneur, Gabriel Aldouce, qui avait succédé, depuis 1644, à son père Alphonse, n'avait mis le trouble au milieu de ses vassaux par d'injustes vexations. Il paraît que ces vexations furent d'une nature grave. Elles portèrent non-seulement sur les droits politiques de la commune, mais encore sur les personnes. Plusieurs Clermontais furent arbitrairement arrêtés, et jetés dans les prisons et les basses-fosses du château, où on les maltraita. Deux consuls même furent enlevés sur le chemin de Lodève par des gens du Comte, et détenus prisonniers pendant huit mois dans divers châteaux de la contrée. Aussi une émeute furieuse éclata-t-elle en 1657; le Seigneur, poursuivi et menacé, fut obligé de se réfugier dans le couvent des Récollets, où le Père gardien lui sauva la vie. Les troubles se prolongèrent jusqu'à l'année suivante, malgré les soins que se donna pour la réconciliation des parties, le Récollet, protecteur du Comte.[1]

[1] *Livre archivial des Récollets.*

Cependant les Consuls continuaient à se succéder selon le mode prescrit par la Transaction de 1347; mais depuis long-temps les abus qui résultaient des élections, faisaient sentir la nécessité de reviser cet article de la charte communale. On voit, par un arrêt du Conseil-d'Etat daté du 25 octobre 1666, que
« les habitants de la Ville de Clermont ayant été,
» pendant dix ou douze années, dans de continuels
» différends par des partis qui s'étaient formés en
» icelle au sujet du consulat, et qui auraient causé
» plusieurs querelles et voies de fait, et enfin la
» ruine de la plupart des familles de ladite Ville....
» un nouveau réglement aurait été dressé, en 1664,
» pour la nomination et élection des consuls,
» électeurs et conseillers politiques, lequel régle-
» ment, au lieu d'assoupir lesdites divisions, aurait
» causé de plus grands désordres; qu'ensuite un
» compromis aurait été passé entre les principaux
» habitants pour la reddition des comptes et autres
» affaires civiles, et qu'il ne restait plus à ladite
» Ville, pour lui faire oublier les désordres passés,
» qu'un rétablissement de l'ancien réglement, sauf
» 1.º que les consuls nommeraient conjointement
» à la pluralité des voix les douze électeurs, ensorte
» qu'aucun consul ne pût faire seul une élection
» valable; 2.º que les électeurs auraient au moins
» cinq livres de compois chacun, depuis cinq

» années avant ; 3.º que nul ne pourrait être
» nommé consul qu'il ne fût majeur de 25 ans,
» et qu'il n'eût au moins six livres de compois ;
» 4.º que ceux qui auraient été dans le consulat
» ne pourraient y rester après cinq années ; 5.º
» qu'enfin les anciens consuls, ni les douze élec-
» teurs, ni les consuls nouvellement élus, ne
» pourraient être parents entr'eux qu'au troisième
» degré.[1] »

Cette modification fut sanctionnée, et empêcha que les scandales du monopole et de l'abus des charges communales ne se renouvelassent de long-temps.

[1] *Arch. part.*

CHAPITRE XLV.

Fondation de Villeneuvette.

1667 — 1672.

Louis XIV avait pris, depuis peu d'années, les rênes de l'état, et l'illustre Colbert avait été appelé à travailler avec le grand roi à la gloire de la France. Déjà sous l'influence de ce gouvernement, le plus éclairé qui fut jamais, tout prenait un accroissement inouï de prospérité : religion, lettres, beaux-arts, commerce, industrie. Nos compatriotes allaient, avec le reste du royaume, ressentir les heureux effets de cette salutaire impulsion.

L'un des plus remarquables fut la création d'une manufacture de draps, aux environs de notre Ville, laquelle existe, très-brillante encore, sous le nom de *Villeneuvette*. Inspirée par le génie de Colbert, elle fut l'œuvre d'une compagnie de riches capitalistes, parmi lesquels figurait, en première ligne, André Pouget, conseiller et secrétaire en chef de la cour des aides de Montpellier. Le choix du site fut fait avec le plus heureux discernement, à quelque distance d'un petit établissement du même genre qu'on appelle encore la *vieille manufacture*; et les travaux furent dirigés avec une intelligence et une activité des plus rares. C'était peu de creuser dans le roc des canaux et des réservoirs, de suspendre des aqueducs sur des ravins profonds, pour faire arriver les eaux sur les points favorables; il fallait encore, dans une enceinte donnée, établir tous les ateliers nécessaires pour une vaste manufacture, employer les ouvriers, en grand nombre, qui seraient appelés à y travailler; tout cela fut conduit avec tant d'habileté et de goût, que Villeneuvette a été considérée depuis comme l'un des plus beaux établissements industriels du royaume.

Des lettres patentes, du 20 juillet 1677, consacrent que la manufacture de Villeneuvette fut établie par autorisation royale, et qu'elle reçut le privilége de former une communauté séparée, exempte des charges ordinaires, pouvant s'approprier et les eaux de la rivière de la *Dourbie*, et les terres environnantes nécessaires à l'établissement. Les réclamations qui s'élevèrent contre ce démembrement de territoire, de la part des consuls de Clermont et de Nébian, n'eurent aucun effet, un commissaire délégué par la cour de Montpellier ayant, en 1680, prononcé en faveur de Villeneuvette et de son indépendance.[1]

Le ministère et la province donnèrent plusieurs fois à l'établissement des preuves de leur intérêt et de leur protection; malgré cela, les fondateurs ne purent parvenir à couvrir leurs premiers frais, qui s'élevèrent à la somme énorme de 1,800,000 livres. La compagnie fut dissoute en 1703. M. Pouget s'étant chargé de la propriété, la transmit, quelques années après, à M. Castanié d'Auriac, acquéreur du château de Clermont, lequel, avec les débris de cet antique manoir, agrandit et embellit considérablement Villeneuvette. L'église et la porte monumentale des avenues de Clermont datent de cette époque.

Depuis, la manufacture est passée entre les mains de plusieurs propriétaires. Madame de Poulpry, héritière de M. Castanié, en fit vente, le 17 avril 1768, à M. Raymond Ronzier; l'héritier de celui-ci la transmit, en 1788, à noble André de Chambert de St.-Martin, qui lui-même en fit cession à M. Denis Gayraud en 1793. Le domaine

[1] Villeneuvette forme encore aujourd'hui une commune s'administrant elle-même.

de M. Gayraud, considérablement agrandi par lui, passa enfin en 1803, à la famille Maistre, qui, depuis quelques années, l'a relevé d'une manière brillante. Enrichi de toute espèce de machines pour l'accélération et le perfectionnement du travail, peuplé de plus de 500 ouvriers, et dirigé par l'intelligente activité de M.M. Hercule et Casimir frères, l'établissement fournit chaque année une quantité immense de draps pour l'habillement des troupes et pour les Échelles du Levant. Le territoire qui en dépend, d'une étendue très-considérable, est exploité selon l'état actuel de l'industrie agricole, et fournit un excellent revenu, en même temps qu'il offre à l'œil une oasis délicieuse, formant avec les garigues voisines le contraste le plus enchanteur. C'est le rendez-vous des promeneurs de toute la contrée, lors de la fête annuelle de Notre-Dame du Peyrou, qui se célèbre le lundi de Pâques. En 1777, le comte de Provence, qui fut plus tard Louis XVIII, visita la manufacture de Villeneuvette, et se montra très-satisfait de l'établissement.[1]

1 *Arch. part.*

CHAPITRE XLVI.

Différends entre la ville et le Seigneur — Modifications dans les charges municipales.

1672 — 1700.

La tranquillité régnait dans la province. Clermont en aurait profité, sans les injustes et violentes tracasseries du Comte Gabriel Aldouce, qui se montra le plus intraitable des Guilhems. Jaloux des droits que les Clermontais tenaient de leur charte communale, et de ceux qu'ils acquéraient tous les jours par les réglements de la province ou les lois du royaume, le Seigneur chercha toutes les occasions d'en troubler l'exercice; il eût voulu ramener son autorité à un absolutisme qui n'était plus possible, la sauver du moins de la décadence à laquelle elle était condamnée sans retour.

Aussi la lutte était-elle ouverte entre la Ville et

le Comte, et cette lutte allait, chaque jour, s'aigrissant davantage par les entreprises du Seigneur et par l'inflexible résistance des vassaux. On ne sait si Gabriel Aldouce fut aussi loin que ceux-ci l'en accusèrent, et si la mort d'un Clermontais détenu dans ses prisons doit lui être imputée comme un acte réel de vengeance. Ce détenu se nommait Simon Arnaud : ayant été arrêté et emprisonné sous la prévention d'un crime d'assassinat, il n'eut pas le temps de voir son affaire jugée ; car, avant la fin de la procédure, il fut trouvé sans vie dans le réduit obscur d'un cachot du Seigneur.[1] Il fallut que Louis XIV interposât sa haute médiation, pour calmer la mésintelligence toujours croissante des parties ; voici la lettre qu'il écrivit aux consuls, dans cette circonstance :

« Chers et bien aymés,
» Nous avons esté informés qu'il y a quelques
» années que les démêlés quy estoient entre vous
» et le S.r Comte de Clermont avoient esté termi-
» nés, mais que despuis vous estes rentrés les uns
» contre les autres dans de plus grands différends
» qu'auparavant, pour raison de quoy procès auroit
» esté intenté en notre cour de Parlement de
» Toulouse ; et comme il est important de vous
» mettre d'accord, et que c'est choze que nous

[1] *Arch. de la Ville.*

» désirons, nous vous faisons cette lettre, que nous
» escrivons semblable aud. S.r Comte de Clermont,
» pour vous dire de donner incessament une bonne
» connoissance de vos différends au S.r Daguesseau,
» intendant de justice en notre province de
» Languedoc, pour, suivant l'ordre que nous luy
» en donnons, prendre soing de les accorder et
» vous sortir d'affaires à l'amiable, selon qu'il aura
» esté à propos, vous exortant de vous en tenir à ce
» qu'il sera par luy réglé et ordonné; sy ny faites
» faute, car tel est notre plaizir. Donné à Versailles,
» le 1.er jour de septembre 1674. Louis.[1] »

Les efforts du grand roi pour la pacification de notre Ville ne purent qu'assoupir la querelle, sans la terminer. Les parties soutinrent un procès devant le parlement de Toulouse, qui jugea enfin l'affaire vers l'année 1680. Le Comte fut condamné et débouté de toutes ses prétentions. Au nombre de ces prétentions, il en était une qui, bien qu'indifférente au premier coup-d'œil, ouvrait cependant la porte aux manœuvres du Seigneur pour s'emparer des élections consulaires : c'était le serment demandé aux électeurs devant lui ou devant ses officiers, contrairement à la charte, qui le faisait prêter devant les consuls sortants. Gabriel Aldouce aspirait à se rendre maître par-là des charges municipales ; le

---

[1] *Arch. de la Ville.*

parlement lui en ôta les moyens.[1] Et toutefois, malgré sa condamnation, le Comte incorrigible ne put se défendre d'intriguer, d'intervenir dans les élections de 1682 et de 1683 ; ce qui lui attira une nouvelle condamnation du parlement, avec une amende de 3000 livres. Ce fut la fin des hostilités entre le Seigneur et la Ville : Gabriel se retira dans un de ses châteaux, au diocèse de Castres, où il vécut tranquille jusqu'en 1692, année de sa mort.[2] Son successeur, Louis Guilhem de Castelnau, ne parut point à Clermont ; il laissa ses vassaux dans le paisible exercice de leurs droits, et ne se mit en peine que de recueillir les revenus de son domaine.

Si la puissance seigneuriale déclinait d'une manière si sensible dans notre Ville, le temps de la décadence était près d'arriver aussi pour le pouvoir municipal. A partir de l'année 1693, on voit la charge de premier consul remplacée par celle d'un *Maire*, à la nomination du roi. Ce maire présidait l'administration communale, recevait le serment des deux consuls qui lui demeuraient adjoints, nommait quelquefois son conseil et même ses collègues. Plus tard, les charges de second et troisième consul cessèrent d'être électives. On vit bien encore, de temps à autre, quelque simulacre d'élection pour une de ces deux charges ; mais tout se

[1] *Arch. part.* — [2] *Arch. de la Ville.*

réduisait à une affaire de forme : le vœu des Clermontais n'était plus la loi qui désignait les magistrats pour l'administration communale.[1]

Peut-être ne faut-il pas considérer comme un malheur pour Clermont cette suppression de charges électives, puisque nos ancêtres y gagnèrent le repos, toujours si compromis par les mouvements, les cabales et les intrigues des élections consulaires. L'histoire, à dater de cette époque, n'a plus à enregistrer de ces troubles que nous avons vus si fréquents et si déplorables ; elle nous ouvre, pour la Ville, une ère de paix qui laisse à peine apercevoir quelques exceptions légères dans l'espace de plus d'un siècle.

[1] *Arch. de la Ville.*

CHAPITRE XLVII.

État de la Ville et des environs au commencement du dix-huitième siècle.

1700.

L'histoire d'une ville est plus complète, quand au récit des événements qui ont marqué le cours de son existence, on peut joindre le tableau et comme la physionomie de quelques-unes de ses phases pendant cette période. C'est ce qui fait que je me permets de suspendre de temps en temps ma narration, pour présenter au lecteur l'état des choses et des lieux, quand je puis trouver dans mes sources assez de renseignements statistiques. Or, pour donner un état de Clermont à ce commencement du 17.ᵉ siècle, les renseignements abondent : je les prends, la plupart, dans l'*Histoire des Seigneurs* imprimée vers cette époque.

Enclavé dans ses murailles, Clermont n'avait

pu s'agrandir que par ses faubourgs ; ceux-ci étaient fort considérables, et donnaient à la Ville la forme d'une croix. L'entrée de chaque faubourg était fortifiée par une porte pareille à celles des remparts de la Ville, et, comme aujourd'hui, deux de ces faubourgs avaient une fontaine. La fontaine de la Ville était la plus belle et la mieux entretenue ; elle jetait ses eaux par quatre lions de bronze. Les fossés qui environnaient les remparts étaient alors devenus, en partie, des jardins, où croissait un nombre considérable de citronniers et d'orangers.[1]

L'église paroissiale était liée à la Ville par deux murailles, au dessus desquelles on dit que le Seigneur avait un chemin couvert, de telle sorte qu'il pouvait descendre du château à l'église en suivant le dessus des remparts. Du côté opposé, deux églises formaient comme le prolongement de ces deux murailles : c'étaient l'église des Pénitents blancs et l'église des *Pénitents gris* qui venaient de s'établir à Clermont, où ils ont subsisté jusqu'à la révolution du dernier siècle.

Le marché du mercredi était très-florissant. Citons l'histoire : « ce qui rehausse l'éclat de la » Ville, est le marché qui s'y tient toutes les » semaines, le jour du mercredy ; car c'est l'abord

[1] *Hist. des Seig.*

» d'un grand nombre de bons lieux et petites
» villes qui sont aux environs ; la descente de
» tout le Rouergue, de l'Auvergne, qui y conduisent
» une si grande quantité de bétail gros et menu,
» que les villes de Nîmes, Montpellier, Pézénas,
» Agde, Beziers, Narbonne, y accourent comme
» au magasin et à la nourrice de tout le pays.
» On peut dire sans hyperbole que le marché
» de Clermont est parmi les marchés, ce que
» la foire de Lodève est parmi les foires du
» Languedoc. »[1]

La préparation des cuirs et la fabrication des draps étaient, alors comme aujourd'hui, les deux principales branches de l'industrie clermontaise. On fabriquait aussi des chapeaux qui étaient renommés. Ecoutons encore l'histoire : « la
» quantité de toute sorte de fabriques de draps
» que l'artisation y met au jour, oblige les Lyonnais,
» les Gênois, les Nissards et autres nations
» étrangères d'y tenir, durant tout le cours de
» l'année, des commissionnaires, pour préoccuper
» la vente que les marchands de Clermont pourraient
» faire de leur draperie, laquelle ils font monter
» jusques à la somme de seize livres la canne des
» médiocres; jusques à vingt-cinq ou trente livres
» la canne des plus qualifiés, et j'en ai vu monter

[1] *Hist. des Seig.*

» jusqu'à cinq livres le pan...... Les teinturiers
» des cuirs et corroyeurs fournissent aux nations
» étrangères abondance de parchemins, maroquins
» et autres telles marchandises. Et la grande
» quantité de chapeaux qui s'y fabriquent se
» font reconnaître des meilleurs de la province. »

On comptait à la campagne jusqu'à douze chapelles, dont quelques-unes cependant, à demi ruinées lors des dernières guerres de religion, n'avaient pas été rétablies. Ces chapelles étaient : Notre-Dame du Peyrou, St.-Sixt. St.-Barthélemi, St.e-Madeleine, St.-Martin, St.-Etienne-de-Rougas, St.-Peyre, St.c-Anne ; j'ignore le nom des quatre autres.

Plusieurs des villages que nous avons vus primitivement sous la juridiction du Seigneur, étaient passés à d'autres maîtres : il n'en restait plus que cinq dans le domaine du Comte, savoir : Canet, Nébian, Brignac, Mouréze et Salasc ; [1] encore même ceux-ci renfermaient-ils des fiefs particuliers dépendant d'un autre seigneur.[2] Nébian, par exemple, dépendait, en grande partie, du commandeur de l'ordre de Malte, et Salasc, de l'évêque et du chapitre de Lodève. Les autres villages sortis du Comté, savoir : Liausson, Celles,

1 *Arch. part.*
2 On en comptait plus de 50.

Fontès, Nizas, Caux[1], Paulhan, Belarga, Puylacher, Tressan, Ceyras, St.-Félix, Jonquières et Lacoste, ou avaient été divisés entre plusieurs familles nobles, ou étaient sous la juridiction d'un seigneur particulier. Ceyras dépendait du seigneur de Lozières, depuis plus d'un siècle.

Parmi les lieux de piété célèbres dans la contrée, on citait alors, outre Notre-Dame du Peyrou, une chapelle érigée dans l'église des Récollets, sous le nom de *Notre-Dame de Montaigu*. M. Plantavit de la Pauze, dans sa *Chronologie des évéques de Lodève*, la met, pour la réputation dont elle jouissait de son temps, sur la même ligne que St.-Fulcran de Lodève et Notre-Dame de Parlatges.

[1] Le Seigneur de Clermont se titrait encore en 1320: *Conseigneur de Caux*; on ne voit pas que ce titre ait été porté par le successeur de Bérenger VI, mort en 1324.

CHAPITRE XLVIII.

Visite du Comte. — Extinction de l'hérésie. — Derniers Guilhems.

1700 — 1722.

Depuis que le Comte Louis Guilhem avait succédé à Gabriel Aldouce, il n'avait pas encore daigné honorer d'une visite ses vassaux de Clermont; seulement, il était venu jusqu'à Montpellier, l'an 1695, à l'occasion d'une assemblée des Etats, et là une députation clermontaise avait pu lui présenter l'hommage, et lui adresser des requêtes. Cinq ans après, en 1700, il se décida à venir reconnaître ses vassaux et ses domaines, et les Clermontais lui firent le plus gracieux accueil. Il visita le château, qu'il trouva bien déchu de son ancienne splendeur. Ce n'était plus alors ce délicieux séjour, où le voluptueux Des-Barreaux aimait à passer une partie de l'année, et dont il faisait sa *maison favorite, parce que,* disait-il, *c'est là vraiment que la bonne chère et la liberté sont sur leur trône.* Les temps étaient bien changés ! La demeure des Guilhems, autrefois si animée, si brillante, était devenue déserte, silencieuse; tout y dépérissait d'une manière déplorable. Louis Guilhem la laissa dans son état de délabrement, et en repartit bientôt, sans être tenté seulement de secouer la poussière qui envahissait le noble manoir de ses prédécesseurs.[1]

Cependant l'hérésie se relevait dans les Cévennes : une bande de fanatiques, appelés *Camisards*, se répandaient dans les montagnes, semant partout l'incendie, la désolation et la mort. Mais Clermont, quoiqu'il comptât encore un certain nombre de protestants, n'éprouva pas le moindre contre-coup de cette nouvelle guerre. Au contraire, vaincus par les prédications des Récollets et des Dominicains, les hérétiques clermontais abandonnaient insensiblement l'erreur, et rentraient dans le sein de l'Eglise, en sorte que le moment n'était pas loin où notre Ville ne devait plus avoir, comme jadis, qu'une seule foi, la foi catholique.[2]

Le sexe, toujours si zélé quand il s'agit de quelque bonne œuvre, voulut avoir sa part dans ce triomphe pacifique de la foi sur l'hérésie.

[1] *Arch. de la Ville.* [2] *Arch. des Réc.*

Une demoiselle pieuse de la Ville, nommée Isabeau de Giscard, après avoir essayé la fondation d'une communauté pour l'éducation du sexe et le soin des malades, jeta en mourant les fondements d'une autre communauté, qui réussit mieux que la première. Au moyen des ressources léguées par la pieuse fondatrice, la communauté fut établie dans le quartier de Rougas, sous le nom de *Propagation de la foi,* pour l'instruction des jeunes filles nouvellement converties. Les premières Religieuses se nommaient : Catherine Astrugue, Marguerite Fargues, et Marie Angerly. Elles ouvrirent solennellement leur école le 6 août 1704 ; et cette école devint une ressource éminemment utile pour l'instruction religieuse du sexe que l'hérésie rendait chaque jour à l'Eglise. Quand le protestantisme eut disparu de chez nous, la mission de la *Propagation de la foi* fut finie, et alors, c'est-à-dire en 1749, l'établissement fut dissous et réuni à l'hôpital.[1]

Ce n'était pas seulement l'hérésie qui était en décadence à Clermont, au commencement du dix-huitième siècle ; la dynastie des Guilhems allait aussi tomber elle-même. Ses domaines se rétrécissaient tous les jours ; son pouvoir s'effaçait devant celui du *Gouverneur* et du *Maire*, créés

[1] *Arch. de l'hôpital.*

par édit du roi; enfin, les Guilhems allaient aussi disparaître par l'extinction de leur race. Le Comte Louis Guilhem mourut en 1705; son unique fils, le jeune marquis de Seyssac, le suivit dix ans après dans la tombe, avant d'avoir atteint sa majorité; et par cette double mort, l'ancienne et illustre dynastie des Guilhems cessa de donner des maîtres à notre Ville.[1] M. Castanié d'Auriac acheta la Seigneurie et la transmit, quelques années après, à la marquise de Poulpry, qui la conserva jusqu'à la révolution.

[1] *Hist. du Lang.* — On trouve plus tard, dans le comtat Venaissin, une branche des Guilhems de Clermont, de laquelle on voit sortir le chevalier de Ste.-Croix, maréchal de camp, célèbre par sa défense de Belle-île contre les Anglais, et le baron de Ste.-Croix, membre de l'académie des inscriptions, illustre par son *Examen critique des historiens d'Alexandre.* Cette branche s'est éteinte en 1809.

CHAPITRE XLIX.

Menaces de peste. — Malheurs. — Réparations à l'église paroissiale.

1722 — 1774.

La France voyait avec bonheur la fin de la régence du duc d'Orléans, et saluait avec transport la majorité prochaine de Louis XV. Notre province partageait ces douces illusions, au milieu du calme que venait de lui apporter la cessation complète des troubles religieux qui l'avaient agitée pendant près de deux siècles. Mais le voisinage de la peste, qui éclata si furieuse à Marseille en 1722, devait contrarier ces belles espérances, en jetant dans le pays de graves inquiétudes. Clermont ne demeura pas étranger aux alarmes de la province : une délibération du conseil de cette époque alloue une somme de 700 livres, pour la réparation des brèches des remparts et l'établissement de barrières aux portes de la Ville, afin que rien de tout ce qui pouvait être suspect de contagion ne s'introduisît dans ses murs, et n'y importât la peste.[1] Mentionnons ici avec orgueil le dévouement héroïque d'un de nos compatriotes, médecin distingué, qui ne craignit pas d'aller affronter le fléau à Marseille, pour mieux étudier la maladie, et pour porter les secours de son art aux malheureux pestiférés. Il se nommait Verny : le roi le fit, en récompense de son dévouement, conseiller à la cour des aides de Montpellier, et le décora du cordon de St.-Michel.[2]

Les craintes des Clermontais relativement à la peste ne furent point réalisées ; mais si le fléau de 1722 ne les atteignit pas, ils eurent bien à gémir plus tard sur d'autres malheurs. L'année 1745 fut une année de calamité, à cause d'une inondation qui fit des ravages considérables dans la Ville et dans la campagne, et d'une grêle meurtrière qui tomba en septembre, et détruisit une grande partie de la récolte pendante.[3] Deux ans après, une bande organisée de voleurs vint épouvanter la Ville et la contrée par ses pillages et ses crimes. Quatre frères, entr'autres, y figuraient, également audacieux et scélérats. Ils commencèrent leurs exploits à la campagne, où on les vit enlever les récoltes avec une effronterie sans exemple. Qui aurait osé leur

[1] *Arch. de la Ville.* — [2] *Arch. part.* — [3] *Arch. de la Ville.*

résister ? Ils étaient armés jusqu'aux dents, et bien décidés à répondre par un coup de fusil au premier qui leur demanderait raison de leur brigandage. Un nommé Chambert paya de cette manière les observations qu'il voulut hasarder contre ces scélérats : l'un des quatre frères, chefs de la bande, l'étendit mort d'un coup de feu dans sa boutique. Un autre jour, c'était le 24 juin, des garçons chapeliers ayant eu le malheur de prendre querelle avec eux devant la maison qui leur servait de repaire, un des brigands rentre, monte au premier étage, et, par la fenêtre, fait feu sur les chapeliers. Le coup mal ajusté atteignit un ouvrier nommé Vitalis, qui mourut sur la place, et une femme qui fut blessée grièvement. Prenant un second fusil, il descend à la rue, couche en joue celui qu'il a manqué, et l'aurait tué infailliblement, si l'on ne s'était à temps jeté sur lui pour le désarmer. On parvint à se rendre maître de ce forcené et à l'entraîner en prison. Les trois autres frères se sauvèrent à la campagne, où ils continuèrent le cours de leurs rapines. La terreur était dans le pays : il fallut se hâter de demander protection à l'Intendant, qui envoya aussitôt un détachement de grenadiers. Leur présence intimida les malfaiteurs, et ramena la sécurité dans la Ville et dans les environs. Une paix profonde s'établit dans la contrée, et aucun accident grave ne la troubla de long-temps.[1]

Clermont gagna beaucoup à cette paix; ses finances prospérèrent, et des embellissements considérables purent être effectués à l'intérieur et à l'extérieur de l'église paroissiale, monument qui fut toujours l'objet le plus cher à la sollicitude de la Ville. Les travaux commencèrent en 1765, et durèrent près de dix ans. On ouvrit la belle place du *Planol*,[2] en abattant les deux murs qui joignaient l'église aux remparts, et en transférant ailleurs le cimetière, qui se trouvait alors au pied de l'horloge. Puis on reconstruisit les deux portes d'entrée de l'église et le dôme du clocher. La porte du couchant était très-petite, et ne donnait passage qu'aux convois funèbres; celle du nord, ouverte sous le clocher, était plus grande, mais elle avait le défaut de n'être point au niveau du sol de l'église, ce qui nécessitait un escalier dans la nef latérale, d'un effet désagréable pour l'intérieur de l'édifice.

Une somme de plus de 15,000 livres fut employée aux réparations du sanctuaire. Le maître-autel, qui était d'abord adossé au mur, fut avancé au centre du chœur, et construit en beau marbre

[1] *Arch. de la Ville.*

[2] Cette place existait déjà depuis avant le 14.ᵉ siècle, sous le nom de *Plan-noou*, plan-neuf.

d'Italie, sur un dessin des plus élégants. Tout l'intérieur du chœur fut lambrissé, orné de grands tableaux, et garni de stalles; le sanctuaire fut fermé par un appui de communion en fer, d'un agréable dessin.[1] Ces embellissements traversèrent, sans éprouver de notables dégradations, les temps orageux du vandalisme révolutionnaire, et nous en jouissons encore.

1 *Arch. de la Ville.*

CHAPITRE L.

Fondation de l'établissement des orphelines. — Premiers troubles de la révolution.

1774 — 1794.

Le monarque infortuné sur lequel devait tomber la foudre révolutionnaire, arrivait au trône l'an 1774, et d'importants travaux marquaient, dans notre Ville, les commencements de son règne. La maison de la prière prenait un accroissement de splendeur, dont profitaient tout à-la-fois la religion et la cité; l'asile du pauvre allait aussi recevoir une amélioration importante par l'adjonction qui lui était préparée, d'un établissement particulier en faveur des orphelines indigentes. Cet établissement fut l'œuvre d'un riche Clermontais, mort en Amérique, et appelé Raymond Ronzier; le même dont il a été parlé plus haut, à l'article de Villeneuvette.

Aussi généreux qu'il était riche, M. Ronzier voulut faire servir les biens dont la providence avait si largement récompensé son industrie, à des œuvres d'utilité publique pour sa Ville natale. Après avoir légué 25,000 livres à un frère et à une sœur, les seuls proches parents qu'il eût, il consacra le reste de sa fortune à des œuvres de religion et de charité. L'église paroissiale reçut 4000 livres; les Pénitents blancs pareille somme; les pauvres honteux 10,000 livres: l'hôpital 15,000; les Dominicains 20,000; enfin, une somme de 100,000 livres fut affectée à la création d'une maison d'orphelines. Des lettres patentes du roi autorisèrent en 1775, et l'acceptation des legs et la fondation projetée, et celle-ci aurait eu lieu immédiatement, sans les difficultés élevées par les exécuteurs testamentaires, lesquelles la retardèrent jusqu'en 1780. Les tribunaux ayant, cette année-là, prononcé contre les réclamants, une maison fut aussitôt acquise, appropriée; douze orphelines y trouvèrent depuis un asyle précieux pour leur entretien et leur éducation gratuites. Lors de la suppression des ordres religieux, l'établissement fut transféré dans le couvent des Dominicains, et réuni enfin à l'hôpital, où il existe encore.[1]

C'est le dernier monument élevé à la gloire

[1] *Arch. de l'hôpital.*

de notre Ville par le dix-huitième siècle. Après cette création, la scène change, et on voit le siècle s'achever dans d'aveugles travaux de destruction, de bouleversement et de ruine.

Le premier signal des bouleversements fut donné par l'assemblée nationale de 1789. Elle décréta successivement l'abolition de la féodalité, la confiscation des biens ecclésiastiques, la suppression des ordres religieux, le changement de la constitution de l'État et même de l'Eglise. Partout ces décrets s'exécutèrent : à Clermont, comme ailleurs, on vit tomber, en moins de deux ans, toutes les institutions politiques et religieuses que des siècles avaient fondées. L'œuvre de destruction continua encore, et deux nouvelles années eurent à peine le temps de s'achever, que rien n'était debout de l'ancien régime : royauté, culte, priviléges, liberté même et propriété, tout avait disparu. A la fin de 1793, la France était sans roi, sans temple et sans autel ; l'anarchie, le brigandage, le meurtre, avaient succédé à l'ancien ordre de choses : c'était le règne de la *terreur.*

Clermont ressentit les premiers désastres de la révolution dès le mois d'avril 1789. La cherté des grains y occasionna une émeute que l'administration consulaire ne put comprimer, et qui se termina par le pillage de trois magasins de blé. On aurait vu bientôt d'autres excès, sans l'organisation d'une garde bourgeoise et la prompte arrivée d'une garnison. La force était nécessaire quand l'autorité s'écroulait; elle ne fut pas toujours suffisante. L'administration fut forcée de se démettre de ses fonctions avant l'expiration de sa charge; une autre lui succéda en septembre; puis une autre encore en février de l'année suivante, et toutes, dans ces temps orageux, furent inhabiles à maintenir le bon ordre et la paix. On voit, par le *compte-rendu* de la dernière, qu'elle fut obligée de proclamer, deux fois, la loi martiale dans le cours des années 1790 et 1791, et qu'elle ne put faire autre chose qu'empêcher l'effusion du sang. Inutile de raconter ce que, dans leur bonne foi peut-être pour le bien de la république naissante, les commissaires ardents qui succédèrent à ces administrations paisibles, exercèrent de violences, d'impiétés, et de dévastations; c'est l'histoire de toutes les commissions municipales de ce temps-là. Ils ne faisaient qu'appliquer les lois de l'époque, et elles étaient atroces. Que de Clermontais honnêtes furent maltraités, incarcérés, menacés de l'échafaud! Heureusement le 19 thermidor (juillet 1794) vint abréger ces jours de terreur, et soustraire nos compatriotes à la hache révolutionnaire suspendue sur leurs têtes!

CHAPITRE LI.

Suite et fin des troubles de la révolution.

1794 — 1800.

La chûte de Robespierre, en permettant à la contre-révolution de respirer, préparait une réaction inévitable. Elle fut violente à Clermont, et y occasionna des malheurs.

C'est que le parti royaliste était considérable dans notre Ville ; il comptait non seulement les hommes à convictions monarchiques, mais encore la foule innombrable des mécontents créés par les excès inouïs dont ils avaient été les témoins et même les victimes. Dès que ce parti put un peu lever la tête, il apparut terrible, menaçant, capable d'en imposer à ceux qui l'avaient comprimé jusqu'alors. Des *clubs* d'opposition se formèrent publiquement, une fraction considérable de la

Ville, composée surtout des habitants des hauts quartiers, organisa, sous le nom de *Vendée*, une résistance ouverte : la guerre était déclarée. Elle commença par des chants, des provocations, des attroupements de l'un et de l'autre parti; elle finit par des voies de fait et des rixes sanglantes.

L'éclat le plus terrible est celui qui eut lieu à l'occasion de la levée de l'an IV (1795). Les conscrits se mutinèrent, refusèrent de partir pour l'armée, et déclarèrent même que nulle force ne pourrait les arracher à leurs foyers. En vain, pour les contraindre, appela-t-on plusieurs brigades de gendarmerie; les gendarmes furent menacés, l'autorité méprisée; un attroupement, grossi de tout le parti contre-révolutionnaire, se porta même le 31 décembre contre l'hôtel-de-ville, pour en chasser les agents de la force publique. Dans ces graves conjonctures, la municipalité se déclare en permanence; un corps-de-garde nombreux est réuni autour de la maison commune; les armes sont prêtes pour soutenir une attaque, si elle a lieu. Osant tout, les conscrits escortés d'une foule immense, l'entreprennent vers huit ou neuf heures du soir. Déjà des pierres sont lancées, des coups de fusil tirés; il allait arriver des malheurs. Un conscrit se hasarde d'approcher du corps-de-garde; il espérait être protégé par l'obscurité; mais il a été aperçu : *qui vive ?* lui crie la sentinelle; il ne répond pas, et aussitôt un coup de feu l'étend raide mort. C'était plus qu'il n'en fallait pour exaspérer le parti des conscrits, et enflammer sa vengeance. Toutefois elle n'éclata que le lendemain; ce fut au retour du cimetière, après les funérailles du défunt. L'attroupement, qui avait suivi le convoi, se rue en frémissant sur l'hôtel-de-ville, brise les croisées, enfonce les portes, et menace d'égorger la municipalité toute entière. Elle fut heureuse de se sauver par les toits; quand les salles furent envahies, elles étaient désertes.[1]

Les tribunaux furent aussitôt saisis de cette double affaire, et des condamnations à mort s'ensuivirent. Elles n'eurent d'autre résultat que d'aigrir le parti, et de perpétuer la guerre civile. On vit se renouveler les chants, les attroupements, les rixes; rien de sérieux néanmoins ne paraît avoir été commis jusqu'en 1797. Mais au mois de mai de cette année, un événement grave vint affliger la Ville. Les ardents des deux partis avaient pris querelle aux environs de la halle; le commissaire de police, Hérail, accourt pour rétablir l'ordre. Tous ses efforts sont impuissants; bien plus, il tombe victime de son zèle. Engagé

[1] *Arch. part.*

dans la mêlée, il rencontre armé d'un couteau un de ces hommes de sang qui déshonorent les meilleurs partis; celui-ci lui enfonce dans le ventre le fer dont il est armé, et le malheureux commissaire trouve à peine la force de se traîner quelque pas; il succombe peu de temps après à sa blessure. Ce meurtre, désavoué de tous, frappa de stupeur la Ville entière; on en accusa un individu, qui fut arrêté plus tard et exécuté à mort; encore même beaucoup ont-ils douté s'il était le vrai coupable. La Ville fut solidairement condamnée à cent louis de dommages envers la veuve du commissaire.[1]

Le 18 fructidor, qui ne tarda pas d'arriver, devait nécessairement amener la chûte d'une administration qui n'avait pu empêcher ce malheur, ni comprimer le parti royaliste pendant la durée du calme révolutionnaire. Elle fut cassée et remplacée par une autre plus énergique et plus ardente. La sentence de destitution porte que Clermont *s'est montré une des communes où l'influence des royalistes a eu le plus de succès, et que l'administration n'a pris aucune mesure pour la comprimer.*[2]

Les efforts de la nouvelle municipalité, s'ils furent plus violents, ne furent guère plus efficaces. Les troubles ne s'apaisèrent que lorsque les temps,

1 *Arch. de la Ville.* — 2 Idem.

perdant de leur rigueur, amenèrent la sécurité, la religion, la confiance et le respect des droits de chacun. Hâtons-nous de dire que le siècle ne s'acheva pas sans faire entrevoir l'aurore de cette heureuse époque.

Contemporains de cette ère de restauration sociale, mes concitoyens ne demanderont pas que je leur en donne l'histoire ; elle est écrite dans leurs souvenirs mieux que je ne pourrais l'écrire ici moi-même. Mon travail a eu pour but de leur révéler ce qui était ignoré ou trop peu connu de l'histoire de notre Ville; je l'ai fait : ma tâche est maintenant accomplie.

FIN.

NOTES.

Page 3, les Dames de la Nativité.

Ces Religieuses, dont la maison-mère est à Valence (Drôme), sont établies à Clermont depuis 1832, où elles tiennent un pensionnat pour les jeunes personnes du sexe. Elles ont succédé aux *Dames du sacré-cœur*, qui avaient essayé un établissement du même genre en 1825. Les *Dames de la Nativité* donnent une éducation des plus soignées aux demoiselles de la haute et moyenne classe, en même-temps qu'elles dirigent une école gratuite pour les filles pauvres.

Page 3, les Dames hospitalières.

Quatre Religieuses, détachées de la communauté de cet ordre, qui existe à Beziers, vinrent, le 10 août 1834, jeter les fondements de la communauté aujourd'hui établie dans notre hôpital, et composée de douze Religieuses, dont deux converses. Elles avaient été précédées, en 1812, par des *Filles-de-la charité* de St. Vincent-de-Paul, et en 1749, par des *Dames de Nevers*. Arch. de l'hôp.

Page 12, Le nom de *Cavalerie* conservé au vallon.

L'opinion qui fait du *plan de la Cavalerie* un camp de César lui-même, est une de ces opinions qui ont cours dans toutes les parties de la France, et qui font trouver des camps de César dans les lieux même où l'histoire atteste que César n'est jamais venu.

Page 13, *Forum Neronis* comme cour de justice ou comme marché.

En adoptant la seconde interprétation, on pourrait voir dans le *Forum Neronis*, l'origine de notre marché hebdomadaire, dont l'existence date d'un temps immémorial. L'*Histoire des Seigneurs* en fait mention au 9.e siècle, et le montre très-florissant à la fin du 17.e.

Page 15, Aspiran au midi.

Ce village, aujourd'hui le plus considérable du canton de Clermont, paraît en être le plus ancien. Il existait au 6.e siècle, lors de la première invasion des Francs. Voyez l'*Hist. gén. du Lang*. Aspiran avait, au 16.e siècle, un prieuré de *St. George*, qui dépendait de l'abbaye Saint-Sauveur de Lodève. Arch. part.

Même page, Cabrières au couchant.

Cabrières existait, sous le nom de *Capraria*, à l'époque de l'expédition de Théodebert, au milieu du 6.e siècle. Voyez l'*Hist. géné. du Lang*.

Même page, Lodève au nord.

Pline, qui écrivait vers l'an 80 de J.-C, parle des *Lutevani*, les Lodévois; il est fait mention de leur ville, sous le nom de *Loteva*, dans les Tables de Peutinger, que l'on croit dater du 4.e siècle.

Même page, Gignac au levant.

Gignac doit être une ville ancienne. On la fait dater du temps des Romains, sous le nom de *Turrettum*, ou de *Jubinianum*.

Page 28, Le *patois* de nos jours.

La langue latine fait le fond de notre patois ; on y trouve des vestiges de l'idiôme parlé par chacun des peuples qui ont pénétré dans le pays. Les mots : *bren, agacis, groullas, escaraougna, engrépésit, sémal*, sont d'origine purement gauloise; ceux de : *sala, esquilla, se truffa*, appartiennent à la langue germanique des anciens Goths, et ceux de : *jaouver, senepiou, arjalassés, amaluga*, sont sarrazins. Plus agréable que celui du Rouergue, notre patois approche beaucoup de la finesse et de l'élégance de celui de Montpellier; on en jugera par la pièce suivante d'un jeune poëte Clermontais.

Lou Tioulat paternel.

O Reyna dé toutas las villas,
Héroux qué té dis : adissias !
Sus tas plaças tant paou tranquillas,
Cal és qué s'ennuyario pas?
A la Seina ay mesclat mas larmas,
En pensen al rèc de Rhounel,
Et mé sioï ditch ramplit d'alarmes :
Ounté és lou tioulat paternel ?

Paris ! ay admirat tous dômes,
Ta Coulouna et toun Panthéoun;
Mais èré soul permi tant d'hommes,
Et soupiravé après Clarmoun !
Al Louvré moun cor préférava
Nostre antique et fumoux castel,
Qué de sas tourrés abrigava
Moun paouré tioulat paternel !

M'accusaras d'ingratituda,
Paradis des hommes puissens !
Mais dins toun sé l'inquiétuda
Randio mous jours trop languissens.
Clarmoun-l'héraoult ! douça patria !
A tu moun amour éternel :
Oï, touta moun idoulatria
Es per lou tioulat paternel.

Del vouyajur l'ama és troublada
Quand s'approcha dé soun pays :
Ensi la miouna èra agitada
A la quilla des cinq camis.*
Aqui mous jinouls flajiguèrou,
Ma bouca beniguèt lou Ciel,
Et mous iols surtout contemplèrou
Fuma lou tioulat paternel !

Salut ! terra de ma naissença,
De tu jamaï pus sourtiraï !
A tu lie moun existença
Es ambé tu qué mouriraï :
Héroux lou qu'après la tempesta,
Escapat al destin cruel,
Pot enfin repaouza sa testa
Déjoust lou tioulat paternel !

* Borne de l'octroi de Clermont, aux avenues de la Ville, du côté de Montpellier.

Page 46, Paulhan.

Le château de Paulhan appartint un peu plus tard au seigneur de Montpellier, qui l'engagea, en 1144, à la maison de Clermont, pour la somme de 500 sous melgoriens.

Même page, Salasc.

On trouve, dans la *Chronologie* de M. de la Pauze, une cession de la seigneurie de Salasc au Baron de Clermont; elle n'est datée que de l'an 1209. Serait-ce une raison pour douter que Salasc eût été compris dans la juridiction primitive du Seigneur Clermontais?

Même page, Ceyras.

La seigneurie de Ceyras échappa aux Guilhems avant le 13.e siècle. Elle revint à la famille à la fin de ce siècle, et en sortit encore le siècle suivant. Aymeri de Guilhem, frère du Baron de Clermont, en était seigneur en 1306 et en 1309. *Plantav*. L'église paroissiale est l'ancienne chapelle du château, agrandie.

Même page, Mourèze.

Une partie de la seigneurie de Mourèze a appartenu à la maison de Lozières. *Hist. des Seig*.

Page 66, Deux églises de Saint-Julien et de Saint-Vincent.

Nébian a eu, depuis, deux autres églises dans son territoire : Saint-Michel, dont il ne reste aucun vestige ; Saint-Jean de Lentiscleyre, dont on voit les ruines à dix minutes du village, entre le midi et le couchant. *Plantavit*.

Page 76, St.-Pierre.

Oratoire enclavé aujourd'hui dans la maison de campagne de M. Rouquet, qu'on appelle encore *St.-Peyré*. Il existe un autre oratoire de ce nom, près de Ceyras, au pied d'une ancienne tour carrée dont on ignore la destination primitive.

Même page, Fouscaïs.

Ce hameau se trouve nommé pour la première fois dans la *Chronologie* de M. de la Pauze, en 1270, sous le nom de *Fons-cassius*.

Page 99, Cet accommodement.

L'acte d'accord portait création d'un usage qui s'est conservé chez les meuniers et les fourniers de la Ville. Les particuliers étaient dispensés, moyennant une poignée de blé par sétier, *unam pautatam*, de faire porter le grain au moulin et d'en faire retirer la farine ; le transport de la pâte et du pain cuit était également hors de la charge des particuliers, moyennant la redevance d'un gâteau, *pompa*.

Page 92, Bérenger IV.

L'*Histoire des Seigneurs* ne distingue point ce Bérenger du précédent. Mais, outre l'invraisemblance d'un si long règne de Bérenger III, la *Chronologie* de M. de la Pauze fait foi qu'en l'année 1239, le Seigneur de Clermont n'était plus Bérenger, mais Aymeri. Conséquemment, ce Bérenger qu'on trouve à l'année 1240, est un quatrième de ce nom.

Page 148, Clermont avait alors deux hospices.

Plus tard, au milieu du 17.e siècle, il y eut de plus à Clermont une maison dite de *charité commune*, et une *maison de refuge* pour les veuves. En outre, des *Dames de miséricorde* furent établies pour secourir les pauvres à domicile. Ces Dames recevaient les fonds du prieur de la paroisse, et lui rendaient leurs comptes, tous les dimanches, à une assemblée qui se tenait à cet effet. *Arch. de l'hôp.*

Page 147, Cinquante des noms signés.

Ces noms sont : Audran, André, Bringuié, Boniol, Bouissin, Bories, Blanc, Baylle, Belugou, Bernard, Boyer, Coste, Durand, Delmas, Faissac, Fabre, Figeac, Guilhaumon, Granier, Genieis, Guiraudou, Graves, Lautier, Lautard, Marcial, Mathieu, Mestre, Martin, Mauri, Olivier, Pioch, Pastre, Planque, Portes, Renaud, Roques, Ricard, Rigaud, Rey, Robert, Suquet, Thomas, Vitalis, Valette, Villecèque, etc. *Transac.*

Page 89, Raymond de St.-Amans.

Les autres prieurs et curés de St.-Paul dont j'ai pu recueillir les noms, sont : Etienne de Rosset (1545), Pierre Archimbaud (1630), Couderc (1647), Brassat (1650), Fabry (1651), Aphrodise Angles (1659), Blanchet (1663), Raymond Pons (1664), Guillaume Solier (1680), Thomas Salles (1690), Maximilien Bruguière (1709), Paul de la Romiguière (1744), Pierre Arnaud (1762), Grégoire Pons (1767), Raymond Puech (1806), Jacques Savy (1810), Joachim Granié (1813), Sébastien Tailhan (1815). *Arch. de la Vil.*

Page 203, On fit face aux premières dépenses.

Le parlement de Toulouse fut du nombre des bienfaiteurs et des protecteurs des Récollets de Clermont. Un de ses arrêts en faveur du couvent, daté de 1624, explique le nom de *chemin de la chicane* que porte le petit chemin aboutissant à l'hôpital, en qualifiant de *jeu de chicane*, le jeu de mail que les Clermontais pratiquaient en cet endroit, et que le parlement défendit. *Arch. des Récol.*

Page 208, Bories.

Hameau, dépendant de Clermont, qui n'est pas bien ancien. Un peu plus haut, vers le couchant, deux autres hameaux Vaillhés et Pradines, entre lesquels est l'ermitage de Notre-Dame-des-Clans, tous assez peu anciens.

Page 211, Alphonse de Castelnau.

L'*Histoire du Languedoc* donne pour fils et pour successeur immédiat d'Alexandre, le comte Gabriel Aldouce. Mais par le mémoire du procès de 1679, on voit que Gabriel ne fut que le petit-fils d'Alexandre, et qu'il eut pour père et pour prédécesseur Alphonse de Castelnau, lequel régnait encore en novembre 1644.

Page 233, St.-Sixt.

Chapelle détruite, aux environs de Lacoste. C'était au 13.e siècle un prieuré, duquel dépendaient les églises de St. Jean de Lacoste, et de St. Barthélemi. *Plantav.*

FIN DES NOTES

TABLE.

Le chiffre indique la page.

A

Abbaye des Bénédictines de Gorjan, 151, 188, 201.
Abbaye de St.-Guilhem-le-désert, 39.
Albigeois, 68, 77, 82, 89, 93, 130, 132, 134 et suiv.
Anglais, 68, 112, 157, 163, 169, 180.
Aniane, 40, 210.
Armoiries, 133, 144, 149, 179.
Aspiran, 15, 31, 43, 253.

B

Bailli, 49, 141, 165.
Belarga, 46, 234.
Beziers, 35, 83, 107, 170, 190, 194, 195, 196, 200, 208, 213.
Bois et garigues, 5, 145, 147.
Bories (hameau des), 208, 256.
Brignac, 46, 47, 126, 141, 233.

C

Cabrières, 15, 22, 160, 169.
Canet, 46, 87, 126, 233.
Caux, 46, 234.
Cavalerie, 12, 253.
Celles, 46, 233.
Ceyras, 46, 93, 195, 234, 255.
Chemin de la *chicane*, 256.
Clergé, 2, 75, 89, 101, 123, 188, 202, 214, 215, 256.
Confréries, corporations, 172, 213.
Consuls, électeurs, syndics, officiers municipaux, 48, 98, 109, 115, 119, 143, 162, 169, 219.
Cornils de Lacoste, 73 et suiv.

D

Dominicains; 130 et suiv, 199, 235.
Draps (fabrication des), 4, 147, 175, 232.

E

Eglise paroissiale de St.-Paul, 3, 30, 111, 122, 138, 231, 242.
Eglises (autres), 3, 30, 75, 76, 111, 123, 131, 152, 188, 202, 208, 231, 233, 255, 256.
Espagnols, 42.

Etats de la province, 107, 179, 180, 185, 206.
Expéditions guerrières, 57, 59, 68, 77, 194, 205, 211.

F

Faubourgs, 3, 176.
Félix (Saint-), 46, 234.
Fontaines, 5, 231.
Fontès, 46, 234.
Forum-Neronis, 12, 13, 253.
Fouscais, 76, 126, 255.
Francs, Français, 19, 30, 34 et suiv.
Franchises communales, 48, 94, 96, 99, 106, 115, 119, 128, 140, 159, 219, 227, 228.
Fulcran (St.), 51.

G

Gaulois, 15, 28.
Gignac, 14, 56, 84, 189, 190, 202, 205, 210, 213.
Goths, 14, 19, 25, 35.
Gouverneur 237.
Guilhems, Seigneurs de la Ville, 46, 52, 57, 61, 71, 88, 90, 92, 99, 117, 135, 157, 177, 178, 179, 181, 186, 199, 205, 211, 218, 228, 238.
Guilhems (autres), 72, 80, 152, 153, 177, 178, 179, 181, 186, 238.

H

Hérault, 2, 71, 190.
Hôpitaux, 3, 148.
Hospitalières (Religieuses), 3.

I

Industrie, 4, 232.

J

Jonquières, 46, 234.
Juifs, 149.

L

Lacoste, 46, 73, 234.
Lergue, 2, 71.
Liausson, 46, 102, 126, 233.
Lodève, 15, 16, 22, 26, 27, 51, 59, 68, 77, 92, 122, 124, 171, 173, 189, 191, 202, 216.

M

Maire, 228, 237.
Maltais de Nébian, 64, 104.
Marché, 231, 253.
Mœurs et caractère, 4.
Mourèze, 46, 233, 255.
Montagnac, 190.
Montpellier, 58, 71, 108, 161, 170, 173, 205, 206, 211.
Murs de ville, 21, 47, 53.

N

Nativité (Religieuses de la), 3, 253.
Nébian, 46, 47, 64, 126, 233, 255.
Nizas, 46, 234.
Notre-Dame du Peyrou, 149, 182, 189.
Notre-Dame de Montaigu, 234.

O

Origine de Clermont, 6 et suiv.
Orphelines (œuvre des) 244 et suiv.

P

Patois, 28, 254.
Paulhan, 46, 234, 255.
Pénitents, 3, 202, 214.
Pestes, 204, 206, 239.
Peyra-plantada, 12.
Pézénas, 158, 177, 190, 194, 206, 207, 210.
Pierre (Saint-), 76, 255.
Pioch-Jesiaou, 150.
Planol, 53, 242.
Portes de la Ville et des faubourgs, 53, 175.
Propagation de la foi (œuvre de la), 237.
Protestants, calvinistes, religionnaires, 187, 197, 200, 201, 205.
Puylacher, 46, 71, 234.

R

Récollets, 199 et suiv.
Religion, 16, 17, 27, 34, 83.
Révolution française, 246 et suiv.
Rhônel, 2.
Romains, 9, 11 et suiv.
Rouergats, 59, 68 et suiv.

S

Salasc, 46, 233, 255.
Sarrasins, 32 et suiv.
Séditions, émeutes, révoltes, 93, 135, 156, 162, 246, 249.
Sièges, 21, 194 et suiv.
Sulpiciens, 214.

T

Tressan, 46, 234.

V

Villeneuvette, 221 et suiv.

FIN DE LA TABLE.

ERRATA.

Page.	Ligne.		
30	1	— à une seule, *lisez* :	en une seule
62	23	— sans se mettre, *lisez* :	sans mettre notre Ville
68	*Au titre* — 1157 — 1109, *lisez* : 1157 — 1190.		
71	15	— Guillaume VIII, *ajoutez* :	de Montpellier
118	23	— surprirent, *lisez* :	et surprirent
123	4	— à, *lisez* :	au
131	7	— scuptées, *lisez* :	sculptées
134	*Au titre* — CHAPITRE XXXI, *lisez* : CHAPITRE XXIX.		
144	2	— Baudiers, *lisez* :	Bandiers
176	15	— de gouvernement, *lisez* :	du gouvernement
182	10	— depuis un siècle, *lisez* :	depuis plus d'un siècle
205	28	— la fait, *lisez* :	le fait
208	27	— Dans ses moments, *lisez* :	Dans ces moments
220	5	— y rester après, *lisez*	y rentrer qu'après
222	14	— employer, *lisez* :	et loger

www.ingramcontent.com/pod-product-compliance
Lightning Source LLC
Chambersburg PA
CBHW050636170426
43200CB00008B/1035